從零到千萬業務的18個成功祕笈

遠雄 No1 業務高手邢益旺
用實戰心法教你走向富裕人生

邢益旺　著

目錄
Contents

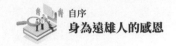

自序
身為遠雄人的感恩

　　這是我的第一本書，將我這十幾年從事業務工作累積的實用智慧，萃取其中的精華，要來與讀者分享，希望可以幫助更多有志追求更富裕更幸福人生的朋友，提供他們做為學習精進之用。

　　我本身的資歷，不敢說是多采多姿，但我從很年輕，還在學生時代的時候，就很認真地去思考「業務」這件事，並且從 18 歲開始，就陸續參與了各式各樣的工作，去實際體悟如何把一件事做得更好，也精進自己業務推廣的技藝。

　　我從事過的業務工作，包含旅行社、傳直銷、賣吸塵器、銀行理專、賣房貸等，直到後來決定投入不動產銷售事業，我都用心投入我的工作，至今仍持續學習。

　　前輩總告誡我，做人做事要懂得感恩。我今天能夠從事業務工作有一定的成績，成為遠雄集團不動產事業以及保險事業的銷售冠軍，要感謝的貴人有很多。今天的我，也想要當幫助別人的貴人，這本書，就是希望藉由我的經歷、我的心得，希望能夠啟發有志投入業務的朋友，帶給他們觀念學習上的幫助。書中很多我所陳述的親身歷練，其所集結的業務智慧，也期許可以幫助人們在業務路途上，少走些冤枉路。

　　書中這 18 個祕笈，就是我從事業務工作以來，精粹出最重要的 18 個觀念與心法。而培育這些心法的平台，也就是照顧我栽培我的遠雄集團，是我終身感謝的對象。

　　可以說，我就是典型的遠雄人，我的五子登科都是在遠雄發生，包含我在這裡結婚成家，我的妻子是在遠雄認識，也在這裡誕生我們的寶寶。包括我住的房子，也是遠雄出品。

　　遠雄真的是很優質的企業，我非常的幸運，能夠在這麼好的地方服務。也要學習遠雄的精神，凡事做到最好，追求第一。遠雄旗下不管是房地產事業、保

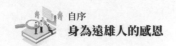
險事業，或者觀光事業如悅來飯店，或空運物流如遠雄自貿港等，都是品質保證。

再次感恩，我是遠雄家族的一員。也願意將這樣的幸福快樂分享出去。

本書也是一本我身為遠雄人，如何把業務這件事「做到最好，追求第一」的專業分享，祝福每位讀者，都能學習獲益滿滿。

推薦序
屬於追求成功者，一盞迷霧中的明燈

台北市不動產仲介經紀商業同業公會理事長　**黃文雄**

　　很高興看到社會上有像邢益旺這樣的年輕人，能夠憑著一身的熱情以及堅定的毅力，從無到有，開創出千萬業績，並且年年都表現卓越。對社會大眾來說，最大的好消息，就是這個年輕人，還願意將自身如何成功的智慧，變成一本實用的好書來分享。

　　我們從事業務工作的人都知道，當大家站在同樣起跑點上，為何到後來有人能夠賺取高收入，有人卻仍站在原地抱怨呢？往往問題不是出在有沒有能力，而是出在有沒有正確的觀念以及正確的心態。

　　這本書，不僅分享業務成交祕訣，更重要的，談到攸關做人做事成功與否的觀念與心態。邢益旺真的很用心，將他業務做到頂尖的成功祕訣，化繁為簡，以最關鍵的 18 個祕笈來呈現。每個項目，都讓我看

了心有戚戚焉。對於像我們這樣多年來認真打拚追求更好境界的人來說，本書真的說出我們的心聲，相信對所有不論是在業務工作上感到茫然無頭緒的人也好，或在職涯路上碰到瓶頸的人也好，乃至於每個困惑於如何追求財富的人也好，本書正是那盞迷霧中的明燈，開券有益，閱讀必有收穫。

例如：第一個就重點說出：「主動找師父」是業務朋友踏出第一步的重要關鍵，非常深得我心，其實，找師父就等於是找到貴人，所謂「千點萬點不如高人指點」。緊接著「做有錢人市場」，更是很多業務能夠突破業績瓶頸的關鍵，邢益旺確切地點出，有錢人看重的是對業務交易的感覺與價值，價格反倒是其次。其他像是「時間管理」，所謂「有錢人用錢買時間，窮苦人家用時間去換金錢」，為什麼有錢人可以錢愈賺愈多？就是善於用金錢去買其他人的時間。

總之，本書一頁頁翻下來，都是經典金句。而讓我更加感動的，18 祕笈最終，仍導回做人處事的根本，那就是從心態面強調如何避開失敗。的確，我看到太多人之所以沒能做出一番成績，最終就是因為

太會幫自己找藉口了。我自己的座右銘之一就是：
「成功者找方法，失敗者找藉口」，邢益旺這本書，
完全契合追求成功者應具備的理念。

　　這本書不管是社會上工作的業務行銷人員，或
是當作一份想要成功的禮物送給晚輩，都非常值得推
薦。

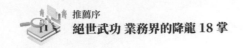

推薦序
絕世武功 業務界的降龍 18 掌

遠雄人壽壽險行銷體系副總經理　張習正

　　「要為自己的人生負責」，益旺真正的做到了為自己負責，從學生時代就訂立了目標 —— 「成為頂尖業務」，努力朝目標前進，從 0 開始成為千萬業務。

　　從事業務工作需要堅定的信心及不畏懼的勇氣，許多人因為害怕、厭惡而拒絕業務性質的工作，像益旺這樣把業務當作人生志向的人有多少？甚至為了投身業務而放棄學歷。但在業務工作的這條路上，他不僅提升了自我能力與價值，讓許多的客戶信賴，同時獲得了高品質的生活，兼具事業與家庭，享受努力帶來的美好結果。

　　從房地產跨足保險業，不一樣的商品類型，一樣的工作性質，益旺集結了十幾年的業務工作經驗，用簡單易懂的文字及貼近實務的故事，化為 18 個祕

笈，不藏私的分享，目的只是為了要讓更多還找不到方向、努力掙扎於業務工作的大家省下學習時間和更快的找到成功的方法。希望藉由自己的經驗，為還在這條路上的業務工作者們盡一份心力，透過經驗的傳承，累積自己的知識及能量，踏實築夢。

　　身為遠雄人，益旺做的很成功，除了利用集團的資源，把握每個機會，自己也努力學習、謙虛討教、勤跑客戶，再配合有效率的管理，使自己在業務工作中逐漸成為佼佼者，實現企業團「做到最好，追求第一」的精神，創造了屬於自己的「專業、效率、品牌」之口碑。最後，祝福益旺能繼續在業務工作裡「傳道、授業、解惑」，打造屬於自己千萬團隊！

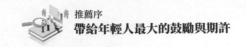

推薦序
帶給年輕人最大的鼓勵與期許

遠雄人壽興盛營業處營業協理　**高振興**

　　江山代有人才出，可以為世人帶來學習的典範。遠雄邢益旺，真的是不可多得的青年才俊，不但業績表現亮眼，並且總是樂於分享，願意出書幫助更多想要改善人生的新朋友。

　　談起益旺，他是一個天才型的年輕人，不只是雙棲（不動產及保險的銷售王）；更是三棲（不動產、保險王及增員高手）；甚至四棲（加上管理整合的長才）……的天才型主管，也是遠雄集團菁英中不可多得的人才。

　　很高興有機會能夠邀請他加入我們的團隊一起合作，他能夠在短短的時間內，不但打破了公司 20 多年來的多項紀錄，更願意將他個人精粹的行銷經歷與大家分享，可見益旺的格局與宏觀是現今年輕人中少

有的。

　　通常一位傑出的人才，大部分多少都會有一點點的傲氣，但是益旺從未有過這樣的態度出來，他不只在工作上有相當亮眼的成績表現，其為人處事的智慧更是高人一等。遠雄集團能夠給這樣的人才更多的機會與舞台，就像創辦人趙藤雄董事長，當初願意給很多年輕人機會，現在這些年輕人，目前都是集團各關係企業的重要 CEO 及經理人。我也是因為創辦人趙董事長當初有給我機會，才能有今天的歷練，內心非常感謝董事長，也期待益旺能為集團帶來更多更大的貢獻。

　　臺灣因為國內外各種因素影響，造成長期低薪現象，也因此讓年輕人對未來沒有太大的期望，難得益旺能夠在工作上有傑出的表現，並且能夠完成年薪千萬的傲人成績，這些種種都是給年輕人非常好的激勵與鼓勵。

　　更難得他願意當小太陽給大家帶來溫暖，將他所學的一部分匯集成書與大家分享，有心想改變人生的朋友，不妨可以透過益旺的著作或是跟他學習請教，

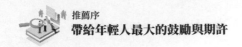
讓自己改變自己的人生,完成夢想。所以想要追求夢想的朋友,勇敢的踏出您的第一步,主動找師父吧。

前言
夢想，踩在堅實的實務基礎上
—— 獻給所有願意追求更好人生的朋友

　　本書的撰寫，植基於一個真誠的夢想，我想幫助更多人，當業務工作走在茫然的成長路上不知何去何從時，能夠藉由我的書籍或演講，找到一個方向。並且，我可以百分百保證，這些經驗觀念和技巧絕對都是植基於我的實戰歷程，經得起考驗，也確實可以幫助任何有心想追求成功的人，百尺竿頭，更上層樓。

　　我深信當一個人有心要達成目標，必定能夠心想事成，但所謂的成功，卻也不是光憑著滿腔熱血與一往無前的衝勁，就可以獲致。如果在打拚的過程中，少了關鍵的指引，再大的熱誠也可能在不斷碰壁後「再而衰，三而竭」，終至鬥志消磨，功虧一簣，殊為可惜。

　　我很幸運，在很年輕的時候，就已堅信我必須走上業務這條路；也很榮幸，後來服務於一家不論規模

制度及格局都是臺灣頂尖的企業集團。然而，這樣的幸運，卻也非從天而降，過程中，也必須經過自己多番努力積極爭取，並且持續學習及展現誠意，那麼，真正的幸運，才能與你結合，變成生命甜蜜的果實。

我相信，人生中任何的事，不論感情、事業、理財或者種種的人生自我實現都是如此。

🏠 我如何走上業務這條路 🏠

不同於許多的人，是在畢業後找工作時，因緣際會投入業務工作領域，或者隨著工作視野逐步寬廣，逐步參與業務範疇事務。我卻是在學生時代，就已經確認想要從事業務性質工作，我認定「成為頂尖業務」就是我的人生志向。

我深信唯有投入業務性質工作，才能快速讓我成長，並且提升自己生命境界，追求更高的生活品質。我甚至為了更早投入業務性質工作，在大二就決定休學，當時我就讀的是臺灣最高學府 —— 國立臺灣大學，但為了投身業務，我依然捨棄文憑投入職場。

　　我本身的性格是比較成熟獨立的，緣由於從小就與父母分隔兩地，磨練出我凡事不依賴，以及「自己要為自己人生負責」的做人做事心態。

　　小時候直到十歲前，我是在中國的海南島成長，那是中國文化大革命後不久的年代，生活環境非常困苦，連三餐溫飽都有問題。改變我命運的關鍵，是兩岸開放探親後，爺爺回鄉省親把我接回臺灣，但從此我就與父母只能每年春節久久見一次面，平常日子就和爺爺、奶奶相依為命。

　　在學生時代，很長的時間我因為文字隔閡（中國是用簡體字，臺灣是繁體字），在校成績曾經很多科目在後段班，最終經過持續努力，國中時期就已是全校成績前三名，後來也考上國立臺灣大學。

　　然而在大學時代我就已經發現，考試成績不能代表一切，就長遠的人生來看，我應該要拓展更寬的視野。所以一開始，我藉由參與社團，接觸到更多元面向的學習。大一那年則是接觸到「財團法人中華民國大專生涯發展協會」，這是個以學習導向為主的協會，每週固定會舉辦各類型的講座，邀請不同產業優

秀的前輩來分享專業知識，印象中當時就有銀行的高階經理人，以及知名廣告公司的總經理等，他們的演講以及社會工作歷練，開啟我新的眼界，當我的同學們都還在課堂上聊晚上該去哪逛街、哪個社團很好玩等等，我的心卻已經飛向校園外更廣闊的天空。

心之所至，化為行為。我也積極的參與那些可以常跟外界互動的團隊活動，加入志工小組，先從協助招生開始，那雖然和日後的業務工作屬性還是相差很大，但已經算是最初階的「行銷」，需要基礎的話術、重視肢體語言等等。也因為參加這類活動，或多或少接觸到實務界的商業人士，逐漸了解一個社會上很現實的觀念──要想用最短的時間累積足夠的財富，一定要從事業務工作。

當時我們協會的創會理事長楊智為先生（現為該協會講師，同時也是勤智企管顧問有限公司總經理），他就啟迪我這樣的觀念：說起業務推銷工作，許多人避之唯恐不及，但這社會大部分的有錢人，卻都是靠業務起家。

當大部分象牙塔裡的學子，還在刻板的一步一腳

印，一年年念書求學，日後再遞履歷一階階往上爬。
我卻發現，如果要照著那樣的模式走，不知何年何月
才能搭上變有錢的列車。

🏠 終於找到自己的志向 🏠

　　大一時，我就開始投入打工，並且刻意去選比較
有挑戰性，也就是必須直接接觸人群，臉皮若薄些的
學生還不敢從事的工作，例如我會在路上發問券，參
與市場調查小組，學習一個人跟陌生人開口講話，後
來還去擔任電話行銷，學習透過電話去跟一個完全
陌生，甚至連對方是男是女的都不知道的對象說話。
也在那樣的過程，我逐漸跟社會接軌更多，也對自己
想要的工作和夢想有了全新的認知。於是我選擇先休
學，在社會上努力工作一段時間，再來回學校，進修
自己想要的課程。

　　一開始在社會歷練的過程，如同許多的年輕人一
般，都是由 0 開始摸索；許多的行業，理想與現實總
有落差，但如果都沒去嘗試，又如何知道自己真正要

的是什麼？

在那段歷練的期間，我前前後後從事過大約 18
項工作，包括我曾經嚮往跟旅行相關的行業，以為每
天都可以遊山玩水，那時我剛休學，就先去旅行社
謀職，剛開始都很愉快，因為本身也喜歡旅行，工作
也有很多樂趣，不論安排景點或住宿我都可以勝任愉
快，唯有月初領薪的時候，笑不出來，每月才台幣兩
萬多元，真的不是我理想中的收入。此外，當時和其
他領隊及導遊聊天時，他們也好奇，我這個年輕人為
何要投入這行？但每個人聽到我說只因為喜歡旅遊就
來從事導遊，他們笑稱：「是啦！很多景點很好玩，
但相信若你同一個景點去了幾十次，甚至上百次，就
不再好玩了。」

的確，身為導遊，不是出來玩的，而是要負責照
顧全團的人，籌備過程辛苦，並且多半是假日時候要
帶團，結果別人是假日闔家齊聚外出旅行，導遊自己
卻是每到假日都不能陪家人。

我終於認真思考這個工作的意義，不符合我理想
中的目標。收入低又不能陪家人，這根本離我的夢想

太遠了。然而，我是靠著親身經歷才能體悟，否則，只是局外人可能體悟得不會那麼深了。

之後，又持續嘗試各類工作，當然也會特別去投入我想做的業務類型工作，因為這是當初休學逐夢的初衷。我曾在銀行當過信用卡業務，也做過電話行銷負責推廣房屋貸款，後來還當過理專。再之後，還曾去房屋仲介公司當過房仲業務，也體驗到，原來這行跟我原本想的也是不一樣。其他跟業務相關的，例如傳直銷，我也從事過。

總之，就這樣經歷了不同行業的磨練，我的內心有了更多的社會洗禮。終於在 2005 年，我進入房屋代銷產業，算是正式接觸不動產事業這行；在那裡，我真正感受到，我喜歡的正是這個產業。同時我也在這行業開始磨練，打下不動產業務銷售的基本功。

隨著銷售經驗累積，後來有機會接觸到遠雄集團，我知道這是人生的一個機會，雖然我沒有亮眼的學歷，但靠著熱情積極，我花了一年時間，不懈怠地不斷主動寄履歷表明想要加入遠雄的強大心願，也每隔一段時間就去電問遠雄有沒有職缺。終於這樣的毅

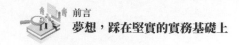
力感動到遠雄的長官，他願意給我機會去挑戰房地產
銷售業務。

　　就這樣2010年4月12日，我正式加入遠雄集團。

🏠 我的奮鬥與我的堅持 🏠

　　從2010年我加入遠雄集團開始，至本書出版這
年，正好邁向第十個年頭。自始至終，我都以業務銷
售為主，在長官教誨下，兢兢業業從事，之後年年成
果亮眼；從2011年獲頒「業績新人王」、2013年更
是成為集團的全國銷售業績冠軍。從房地產銷售事業
起家，後來轉戰資產保險事業，永遠奮鬥不懈，我服
務過的客戶上千人，參與過我課程專業分享的更是上
萬人，總銷售業績接近新台幣百億以上，並有幸被指
定為公司徵才形象代表人，這不僅是對我專業實力的
肯定，也代表著品德上的認可。

　　如同我在本書後面會持續強調的，我雖然事業有
一定的戰果，但我對成功的定義，也有幾個堅持：

前言
夢想，踩在堅實的實務基礎上

●不強調英雄主義

我知道許多的勵志傳記書，會著重於個人的豐功偉業鋪陳，並形塑一套無敵的業務學、事業成功學。但從 20 幾歲一路走來的豐富實戰，我反倒要強調「團隊合作才是王道」。做好與同事和組織的密切互動、願意與人分享、願意拉人一把的人，反而可以擁有更多的資源，更能開發出更廣闊的市場。

付出者收穫，當你把團隊視為真正夥伴，而非各個都是競爭者，眼界不同，事業格局自然就不同。

●不犧牲人生根本

這世界最公平的一件事，就是「時間」。你我一天都同樣擁有 24 小時。我相信，若有人真的把全部生命，除了睡覺、吃飯外，全都投注在賺錢上，那他肯定可以賺很多錢。問題是，一個只為賺錢而活的人，不就等同變成金錢的奴隸？這樣的人生是你想要的嗎？

因此，我的業務之道，除了強調效率的重要性外，更要將有限的時間發揮最大的影響力，並且讓我們能享受生命中種種美好的果實，諸如愛情、家庭、

假期與助人圓夢……等等，如同我和妻子及兩個女兒，事業與家庭不需要取捨犧牲，也能享有天倫之樂與財富累積。

●不忘記感恩圖報

在東方，身在禮儀之邦的你我，每天開口閉口都不忘講：「請、謝謝、對不起」，然而，真正的感恩，絕不只是形諸於口頭的禮貌文化，而是一種因為發自內心，就算不說，對方也感受得到的真誠。我本身成長環境比較特別，從小生活就並不容易，這反倒讓我日後更珍惜生命中的所有美好。不論物質上的豐厚，或者人情間的扶持，我都衷心覺得感恩。而雖然並非刻意，但這些感恩後來又回過頭來成為幫助我事業成就的助力。

我也時常跟身為家長的朋友分享，我鼓勵若有可能，盡量讓孩子們可以體驗不同的人生辛苦，而不要凡事都大人幫孩子打點好。成長時期若有更多挫折歷練，對長長的一生，就能打下無可取代的正面基石。培養感恩的心，一生受益。

🏠經驗分享，傳承成功定律🏠

雖然隔行如隔山，我不敢說我在房地產及保險資產領域上的業務銷售成功模式，能夠百分百套用在其他不同領域上。但我敢肯定的，以上 3 個堅持，對於想在不同產業打拚的人，都一定適用。

在本書，我所提出的 18 個觀念及技巧，則是由我的實戰經驗中有系統地歸納，可以幫助一個從「0」開始的人，透過踏實努力，累積自己成功人生的資本。

希望藉由這些經過我實務驗證的訣竅，可以幫助有志業務工作者，更快的達成自己的銷售目標。

$ 千萬業務專屬
成功 **18** 個祕笈

祕笈一：
主動找師父

" 任何公司絕對都願意讓你多多學習，重點只在於
你夠不夠積極？以及願不願意受教？ **"**

世上任何的學問，習得的方法有兩種：一是靠自己蒐羅及研究龐雜資料；二是靠專業教師傳授。

世上任何的技藝，習得的方法也是兩種：一是靠自己經驗摸索累積；二是靠師父指導。

請問：是時間比較寶貴？還是金錢比較寶貴？既然時間是金錢買不到的，當然時間比較寶貴。如果時間比較寶貴的話，想要習得千萬業務的訣竅，你是寧願花個十年功夫處處碰壁，終於找到竅門；還是師父一朝為你提點，一次的醍醐灌頂讓你省卻十年功呢？

因此，現在我們啟動「從 0 到千萬業務的 18 個成功祕笈」的學習，第一步就讓我們從找師父開始。

🏠主動積極尋找可以指引你的人🏠

因為家裡經濟條件不好，當年我考上國立臺灣大學，就積極參與社團活動。

那時我恰好在翻閱一本專門報導 Marketing（市場行銷）的週刊時，看到一個專題報導：有位吸塵器銷售達人，已經連續很長一段日子都是業績冠軍。於

是我想跟這位達人學業務技巧，為此，我主動打電話到雜誌社，表明我看到這篇吸塵器達人報導，真心想跟對方認識。電話先轉客服再轉編輯部，最終一位承辦窗口答應幫我轉達。接著我等待對方回應，隔了兩天，我就收到回覆，雜誌社說銷售達人願意給我他的聯絡方法，隨後我就主動打給他，跟這位師父學了三個月的吸塵器銷售技巧。

那時仍是大學生尚未滿20歲的我，就這樣有大約兩、三個月的時間，每週找時間跟在那位銷售達人身旁，見識到他的銷售話術，以及如何與客戶互動等等竅門。這也是我最早打下的業務基礎。當時很多的親身見聞，是光靠書本理論無法體會到的。

我相信只要有心，師父都是願意傳授知識和技能的。就好比當年我只是個十幾歲的年輕人，只因我的熱忱，那位銷售達人就願意無償讓我跟著他學技能。現在無論你從事哪個行業，為了讓自己更早抓住訣竅，成為公司真正的生力軍，相信**任何公司絕對都願意讓你多多學習，重點只在於你夠不夠積極，以及願**

不願意受教？

假定當年我沒有主動去找師父，那位銷售達人有任何可能會主動來找我嗎？那是絕不可能的。同樣的，現實生活中，除非企業本身已有體制內的培訓機制，否則不會有人主動跑來要教導你東西。那些資深前輩也不是你肚子裡的蛔蟲，你有任何困惑，不說出來，別人也不會想去幫你。特別是新進的業務工作者，本來就是張白紙，不要謙虛或畏懼，想要追求更好的明天，就請開啟你的金口，主動找師父吧！

🏠 成功者喜歡積極主動的人 🏠

孔子曾說：「三人行，必有我師焉」。意思不是指老師這行業很普遍，每三個人中就有一個為人師表，而是指人人在某個領域，都有可能擔任指導者，相對來說，也就是每個人都可以是我們學習的對象。所謂隔行如隔山，就以一個家庭為例，可能爸爸是房屋修繕大師，媽媽是烹飪好手，姊姊是流行時尚達人，弟弟是重度手遊玩家。如果有心，經常和他們互

動，日積月累下來你一定可以既懂修繕又會烹飪，談
起時尚和手遊都可以頭頭是道。

學習要點不單單只是有沒有老師，重點是在於我
們的態度。

**我們學習一件事物，第一看有沒有心，第二看有
沒有合適的請益對象。**

以業務來說，你真的有心要讓自己成為千萬業務
嗎？如果有心，今天有人告訴你，跟某個成功典範學
習，可以掌握業務技巧，那你願意主動去聯絡他嗎？
如果沒有那是為什麼呢？關鍵在於人們常常自我設
限。心裡想著：

● 他又不認識我，怎可能教我？

● 那些成功者都很忙吧！怎麼可能有空理我？

● 我也沒有他們的聯絡方式？

然而事實上，有許多的案例顯示，那些成功者，
絕不吝於撥出時間，為有心向上的人指點迷津。

包括世界頂尖企業家們，如臉書創辦人馬克‧祖
克柏，以及當年蘋果的賈伯斯，還有中國阿里巴巴的

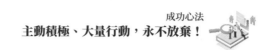

馬雲先生，還有臺灣的企業楷模張忠謀先生等等。他們每年都花很多時間，拋開繁忙的事務，專程去大專院校和年輕人分享未來事業成功之道。並提出很多人生箴言。他們也都不吝於在各種場合裡，親自回答年輕人提出的問題。若連這些身價百億千億的大富豪，都願意把寶貴時間，和你我分享，我們又為何要自我設限，「不敢」跟大人物們學習呢？

甚至 2006 年時，有個才 5 歲大的女孩，她因為困惑為什麼非洲小朋友的死亡率那麼高，當大人們告訴她，答案是瘧疾以及貧窮後，這小女孩主動寫信給世界首富比爾‧蓋茲，信裡她問首富說：「聽說錢都在你那？請問你可以協助拯救百萬非洲孩童嗎？」她的信讓比爾‧蓋茲立刻捐出 300 萬美金挹注給非洲救急專案。

任何的成功者，絕對都很樂意指導有心上進的人，他們特別喜歡積極主動的人，臺灣勞動部勞動力發展署就曾經針對職場競爭力做過調查：**各大企業家最想錄用的是哪類的人？發現其強調的兩大共同特**

質：一個是負責認真，另一個就是主動積極。

　　相信你的主管再怎麼忙碌，如果哪天你主動敲他的門，誠心地說：「經理，我真的很想讓我的業務成績更加提升，可否請你傳授我成功銷售的技法？」只要有責任感的經理會覺得高興都來不及了，怎會嫌你打擾他呢？

　　如果我們每個人，在生活中碰到任何的難題，不選擇放棄，也不選擇將就，而是願意找個師父來請益。那麼，必能在很年輕的時候，就可以成為一個很能幹的人。如同孔子也曾說：「吾少也賤，故多能鄙事」，就是說，從小每當碰到有不懂的事情，就去跟懂得人請益。於是逐步累積多元實力，這也會、那也會，所以他成為達人。

　　當我們在一家公司裡，即便碰到不景氣需要裁員，認真積極且一人可以身兼多職者，永遠不怕失業，就是因為當別人把不懂當成理所當然時，我們卻願意在每個不同領域尋找可以學習效法的師父。

　　如果積極主動找師父，既讓自己可以成長更快，又讓企業主可以留下好印象。那何不積極邁出學習的

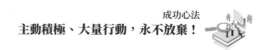

腳步？

　　想成為千萬業務，就試著跟真正的千萬業務拜師學藝吧！

⌂找到對的師父⌂

　　當然，**學習很重要，但找到對的師父更重要**。

　　例如當你真心想要學習游泳，你會選擇跟一個跟你一樣不會游泳的人學？還是跟專業游泳教練學？而同樣是游泳教練，你會選擇一個曾經入選奧運國手的資深游泳好手，還是跟一個沒有實際競賽實績的人學習呢？

　　道理人人都懂，但現實情況，許多的業務新手想要有好業績，卻選擇只去跟身邊成績普通的同事學，那些人可能只比你早進來半年，只因彼此比較聊得來，就以為對方可以當師父，結果不但沒能學成好的業務技巧，反倒學的都是投機取巧如何上班摸魚等。這樣的「學習」，只帶來同流合汙的墮落退步。

　　所謂好的師父，也不一定要遠遠的外求，以最近

　　的資源來說，自己部門的主管，甚至是公司裡的高階經理或老闆，相信他們也願意隨時候教。當然你如果願意勇敢嘗試，也可以主動向外尋覓。如同我大學時代主動去接觸吸塵器銷售冠軍，後來我投入房地產買賣以及再後來轉戰高資產理財保單，過程中，**我無時無刻都在尋覓可以請益的對象。我也總是養成一個習慣：我會去留意，在我服務的這個產業，市場上的頂尖高手有哪些？若有機會，我都願意去請益學習。**

　　這些高手，當然不是當你一有疑惑，就會出現在你面前。**所有的高手，都是被「找」出來的。**舉例來說，假定你要賣保險，那高手在哪？上網查就很容易查到，因為不論是哪家大型的保險公司，都會有頒獎表揚儀式，也會有冠軍致詞或巡迴演講的情資，我們很容易的就可以查到高手的名字。若我們願意更積極大膽些，如同我自己的模式，我真心想學一個東西，我就真的打電話去找，也往往這樣的高手等級，通常都願意公開他們的手機。若是你沒能查到這高手的通訊資料，方法還有很多：可以上臉書、可以透過專訪他的雜誌，或者更直接地就撥打電話到他公司由總機

轉……等等，不試試，你怎麼知道聯絡不到人呢？

其他的方式，還包括最原始的寫信（沒有 E-mail，就用最傳統的郵寄，寄到公司，總會傳遞給對方），或者有機會參加聚會場合，主動發出訊息，說你想認識某個成功業務銷售冠軍，很可能就會有人回應，他剛好是那位冠軍的同事或同一個扶輪社的社友……等等，**只要有心，師父一定會讓你找到。**

另外，不只找到好師父，也要找到「對」的師父。

例如你的個性比較穩重，但找到的師父是個急性子，那樣的話，兩人就不合拍，既達不到學習效果，並且相處起來會不愉快。

因此所謂「對」的師父，不只關乎對方的業績，也關乎對方的銷售風格。其實不論賣車、賣房子、賣保險，一個值得做為學習對象的師父，他們透過演講透過專欄甚至透過出書，就可以分享他們的成功模式，這之中也可以看出他們的工作模式、銷售風格。若有可能，還是經過一定的過濾，再來跟定一個好師父。或者，對新人來說，無法一眼就判定誰是好師

父，那就要經過嘗試。至少比你試都不試只顧著自己摸索好。就算是個性與你不合的師父，也多多少少讓你學得到業務的技巧。當然，最好還是找對 Key 與你吻合的師父。

🏠師父不一定是人，也不一定只有一個🏠

最後，所謂師父不只是自己公司或其他公司的頂尖銷售員，**其實，還有一種師父，保證可以隨時陪伴你，那就是透過書本的力量**。例如某個銷售天王寫的書、某個業界典範寫的書……等等，也都是另一種形式的「師父」。

當我們成長到一個境界，師父也會有好幾個，可能業務技巧有個師父，領導管理有個師父，經營格局又有另一個師父，包括如何理財、如何經營好生活、如何與人相處……等等，也都需要師父。

新手業務們要成功，在成長的路上，不要悶著頭自己做；有師父的孩子，是比較幸福的。因為可以快速成功。

　　所謂「站在巨人的肩膀可以看得更遠。」當你找到師父，你就找到巨人的肩膀。

　　師父引進門，修行靠個人，現在想想趕快為自己找個師父吧！

成功心法：
主動積極、大量行動，永不放棄！

秘笈二：
做有錢人市場

❝ 在有錢人面前，我們要不卑不亢，展現誠意，
而非展現心機。 ❞

花一樣時間搬鈔票，你要搬百元鈔還是千元鈔？

在上一篇章的「祕笈一：主動找師父」，我們曾強調快速成功的重要，因為要讓追求成功之路變得有效率，因此我們必須要懂得找師父。

而同樣植基於時間寶貴，若有可能，我們應該將事業拓展焦點放在更有效率的目標：

● *同樣的產值情況下，選擇需求最多，或相應來說供給較少的市場。因為可以讓自己在一定時間內，得到較多的訂單。*

● *同樣的努力付出下，選擇高單價的市場，因為花同樣的時間，卻可以累積更多的財富。*

何謂有錢人市場？

我本身從事不動產銷售已經超過十年，這個產業，正是和有錢人有最密切相關的產業。這許多年裡，也讓我藉由頻繁的交流與學習，更認識有錢人的思維。

我所知道的有錢人，他們：

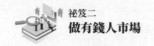
（1）願意花錢，也捨得花錢。重點是，他們看重的是價值而非價格。

（2）有錢人心胸寬廣，他們其實是願意給業務人員一個機會的，但看的是業務人員本身是否夠努力。由於有錢人當中，有不少比例是靠自己本身白手起家苦過來的，他們真的很重視努力的價值，而不喜歡浮誇做事不踏實的人。

（3）有錢人通常也不吝分享，透過跟他們交流，往往有機會聽到他們的奮鬥故事，其中有很多寶貴的人生智慧，甚至他們也願意和你分享人脈資源。

（4）有錢人見識廣、視野遼闊、格局夠高，如果有機會和他們相處，不論談吐或見識都會提高很多。這在後面也會進一步說明。

談到「有錢」，這裡要特別強調的：「有錢人」雖跟「有錢人市場」有關，但也不代表可以劃上絕對等號。事實上，我有許多從事業務工作的朋友，他們在不同產業服務，反倒表示在很多時候，有錢人的生意不一定好做，他們可能更會殺價、更愛挑剔商品、

更難取悅。明明只是買個幾百元的紀念品，可是有錢人的錢不一定比一般小老百姓的錢好賺。那是因為很多有錢人是勞苦出身的，更愛惜物力，並且有錢人可能曾經歷滄桑，看商品更會挑貨色。

但「有錢人市場」是另一種概念。這裡指的**有錢人市場，不是單指賣東西給有錢人，而真的是以有錢人為「銷售族群」的市場。**

當然，世事無絕對，總有個平衡依據。以高單價來說，例如梵谷名畫「雛菊與罌粟花」，最後賣出金額約 18 億台幣。假定某業務就以賣這幅畫為業，一旦賣出這幅畫，他就立刻晉升為富豪，但在其他時間，他就只能喝西北風。相對來說，在路邊擺攤賣衣服，可能一件只能賺二、三十元差價，但可以賺得現金流，至少每天都有點進帳，可以讓自己吃碗滷肉飯。

最好的平衡，就是賣的商品單價（以及其抽成比）夠高，同時又有足夠的銷售數量。此所以我推薦的是有錢人的市場，就是因為：

第一、高單價的東西，一般只有富人買得起，雖

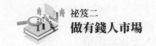
然大多數的中產階級，可能透過貸款也可以投入買屋這類高單價品項，但就算是這類的人，基本上也都已具備基礎的第一桶金，算是小有資產，也可以被歸類為有錢人。

第二、所謂「市場」，當然也不希望一輩子只成交一次，要能經常有來有往才稱為「市場」。那麼，更是只有有錢人才能撐起這樣的市場。

🏠 有錢人的四大銷售市場 🏠

我們可以大致檢視以下，符合這類標準的市場有哪些呢？

● 土地及房屋

房屋市場又可以分成很多領域，但以我來說，我之前比較聚焦的是以新成屋為主的市場，而非一般的中古屋買賣市場，以這樣的定義，就算是房屋買賣，也可以細分出不同的族群。以豪宅來說，我設定的客戶族群都是高收入者，資產至少上千萬的客人。但即便是中古屋市場，我知道我有許多的仲介業朋友，

他們的主力營業額，一樣也是靠有錢人族群撐起來的（包括所謂的投資客或置產客，許多身價也都是千萬甚至上億）。

● 珠寶貴金屬

鑽石、黃金、瑪瑙、水晶……以及各式各樣的金銀珠寶（強調是真品，而非裝飾用的便宜手飾），交易的客戶自然也非富即貴。但比較上，這個領域的業務比較封閉（我們日常生活中，不太有人主動跟我們推銷珠寶吧！但卻比較多的機會是被推銷房地產）。通常這方面的業主本身就擁有豐厚財力，光賣場（也就是銀樓）就要有一定的氣派。

● 高端金融理財

有錢人最多的是什麼？當然就是錢囉！當然錢其實只是個工具，不應該是人生追求的本身。但錢這個工具，有個很大的用處，就是錢可以滾錢。而這正是有錢人最喜歡投入的遊戲。

高端金融理財，包括銀行的高階財富諮詢投資專案、以及搭配金融市場的各類投資工具。這也是我目前轉戰的領域，專門做房地產以及稅務規劃。

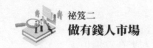
● **高單價物件市場**

眾所周知有錢人最愛的玩具，就是跑車。除此之外，包括頂級家具、高級瓷器、名畫藝術品、稀有收藏品等等，從事這類商品交易的業務工作，也都算是做有錢人的市場。

我們雖然不鼓勵所有人都如此金錢導向，畢竟，各行各業都需要優秀的業務，但如果一個年輕人，有志從事業務工作，又尚未找到適合自己志趣的產業，那麼，我極力推薦，若有可能，可以選擇投入做有錢人生意的市場。讓自己可以相對更有效率地賺到財富。

🏠 有錢人想的和你不一樣 🏠

業務領域幾乎人手一本的世界暢銷書《有錢人想的和你不一樣》，書中就告訴我們，我們先要具備有錢人的腦袋，才能讓自己變成有錢人。當我們看到有錢人時，心中想的不應該是「忌妒」，更不應該是暗中批評有錢人就是「有錢無腦」，或幫有錢人貼上其

他的負面標籤。因為，***當我們不能認同有錢人，那我們自己就永遠不能變成有錢人***。

以上道理適用在我們自我勵志，更適用在真正和有錢人做生意的業務朋友上。

身為業務，我們的眼中，有錢人真的跟你想的不一樣。這裡指的不是前一段提過的那些，在傳統市場上，挑三揀四付錢也不乾脆的那種有錢人，而是真正出現在「有錢人市場」上的有錢人，關於這些人還有個稱法，就是「功成名就者」，包括成功企業家、成功資本家、成功投資家等等。所有這些人都有以下幾個共通特色：

特色 1：眼界高及有智慧

或許很多人被電影、電視誤導，那些影片老是把有錢人描繪成口袋有錢卻腦子空空的大肥仔。但實際上，我們動腦筋想想，為何一個人會變有錢？除了少數人是因為繼承祖產，或中樂透大獎外，多數的有錢人，都是靠能力打拚出來的。既然有本事打拚出財富，這樣的人自然有很強的實力，看人看事的眼界都比我們寬廣。

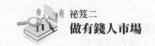
　　如果一個業務人，一看到有錢人進來，就眼睛一亮，內心閃著「一頭肥羊上門了」的標記，你以為你的「貪婪眼神」，對方感受不到嗎？在有錢人面前耍心機，正應證那句成語「班門弄斧」，不但生意做不成，反倒還讓別人看低自己的品格。

特色2：重視「感覺」甚於價格

　　當一個人有錢到一個地步，會是怎樣的感覺呢？其實這樣的人會更貼近真實生活，而不像一般人買東西時內心會有許多計較的想法在打架。舉例來說，我雖不敢說自己是有錢人，但至少透過多年來的努力，讓自己維持一定的生活水平，這樣的我好比說在機場免稅店買東西時，已經不太會去看價位，而是真正找到自己喜歡的商品就去刷卡結帳。但相對來說，大部分人買東西都還是會有個習慣，就是先看價目表，再來決定自己可以買什麼。這兩種不同的思維觀，背後就是看有沒有具備有錢人的思維。

　　多年來跟有錢人做生意，**我了解有錢人其實非常重視銷售人員品德以及商品的品質**。當傳統思維的業務，可能還是聚焦在價錢特惠等傳統庶民關心的議

題，我接觸到的許多有錢人，卻反倒不那麼以金錢做考量主依據。金錢當然還是很重要，畢竟沒有人希望自己被當成凱子。可是當商品對了，人（銷售員）也對了，那麼就算價差幾萬甚至幾十萬元，有錢人真的相對來說沒那麼在乎。後面我也會舉出實例說明。

特色 3：格局高遠，看事情不單看表面

有時候我們會發現，當銷售的商品是屬於有錢人市場時，客戶懂得不一定比你少。例如珠寶，當業務員還在大肆吹牛這個珠寶來歷多不凡時，對方可能早就一眼看出這珠寶的成色鑑定以及市場定位等等。如果業務員是新手，可能客戶還會反過來指導業務員，直指這個商品的特色是什麼？

其實就算反被客戶教育，也不要感到丟臉。相反地，你要感到榮幸，因為如果客戶願意把他所學跟你說，那也算對你的一種肯定，表示你這年輕人「孺子可教也」的意思。

所以配合有錢人的思維，一個聰明的業務員要做的不是教條式的陳述商品介紹，而是有辦法提到「比表象更多」的內容，那對方可能就感到有興趣。

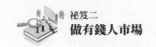
　　以賣豪宅為例，不只談房子的坪數及裝潢材質，也談住在這房子的人代表的品味，以及模擬當處在這樣的房子中，可以感受到怎樣的風情。因此，銷售的話術可以是：王先生，想像那個畫面，當打開大堂的落地窗，夏日裡和風吹進來，在走廊上感受一股清新涼意，那樣的生活多寫意啊！

　　以賣保單為例，不只談這張保單的保險內容和約定條款，而是模擬未來的場景。因此銷售話術應該是：「王先生，當將來某一天你和妻子都已年老，不再參與公司事務，將企業都交給第二代經營，並且也不想跟子孫要錢，即便如此，透過這張保單，每個月都還是有優渥的金錢可以運用，那樣不是很好嗎？」

　　想跟有錢人交易嗎？首先，思考事情時，就請換上有錢人的腦袋。

🏠我如何面對有錢人？🏠

　　當我們面對有錢人，就如同我們面對一般的客人

般，我們絕對依然要**秉持著誠信原則，不因對方的身分，而改變我們的專業，更不要因為對方是有錢人，內心就起了非分之想**。同理，當我們面對看似財力比較不豐厚的人，也絕不要起鄙視之心，人不可貌相，我就經常碰到不懂裝扮，表面上穿得土土的很像鄉下來的婦人，實際上卻是可以直接掏出百萬「現金」交易的人。

我們不刻意去討好任何人，我們做有錢人市場，因為可以更高效率賺到錢。

但即便如此，**在有錢人面前，我們要不卑不亢，展現誠意，而非展現心機**。如此，對方真的欣賞你，便願意與你做生意，甚至還願意介紹朋友給你，有錢人的朋友，當然也是有錢人，那樣生意就會愈做愈大。

有一回我在北部銷售一個遠雄社區的專案，當時有一個中南部的黃大哥過來賞屋，我在和他的對答中，了解到這位黃大哥，對房屋有一定的專業，也懂得鑑賞好的品質設計。他當時看中某個物件，雖然我

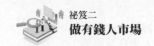

仔細說明產品的價值和獨特性，但黃大哥提出來的價格，跟公司所訂的底價有個差距。當天沒能成交。

後來跟這位黃大哥深談，也更了解他的購屋底線。那時我帶著伴手禮專程搭車去到中南部的雲林，和他再次面對面說明商品的優勢，但幾經溝通，我也了解黃大哥有他的考量。我表示，願意以黃大哥所提價格，再回公司和主管報告，也請黃大哥開立一張本票，讓我帶回公司洽商。

回台北和主管溝通後，結論我們仍舊無法依該價格售出。對此，我先去電和黃大哥抱歉，並表示，我會親自再把那張本票送下去，也感恩黃大哥願意多次和我見面。過了幾天，當我把本票送回雲林，然後自己搭車北返，當火車已經到了桃園，突然又接到黃大哥電話，說有些事要再當面談一下，問我到了哪裡，要不要現在過來？

我當下立刻說好，先在桃園下車，即刻轉乘最近一班往南的火車再次前赴雲林。沒想到一見面，黃大哥就跟我說，他想給我一個機會和鼓勵，我們遠雄的物件品質很好，就依照我們提的價格吧！那是一筆將

近上億的訂單，並且在往後的日子裡，這位黃大哥陸
陸續續又和我買了三間房子。

　　這個真實案例，黃大哥當時殺價，不是因為他沒
錢，而是因為心中有他自己的堅持。但因為看到我這
個人的誠懇和積極認真，因此覺得可以給我機會。在
過程中，如果我在桃園接到他電話，我的回答若是：
「改天吧！我今天已經回北部，我們另外再約！」或
者抱怨：「我已經離開雲林很久了，有什麼事可以電
話談嗎？」那麼後續可能就不會有這些成績！

　　透過這個案例，**可以讓大家了解有錢人的思維：
某些時候，「人」的價值是他們更重視的，特別是以
遠雄來說，交易標的本身已有一定品質，有錢人會在
意的，就是你這個人了。**

　　當金錢不是第一考量，他們除了要求符合標準的
商品外，更重視的是服務品質，甚至他很重視很業務
互動的「感覺」。你的認真你的熱誠讓對方看見了
嗎？大筆的生意就看你如何展現你的人格魅力。用心
做事的人，是不會被埋沒的。

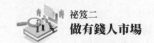

成功心法：
要賺錢，賺有錢人的錢最快；
比起價格，有錢人更在意價值！

notes

祕笈三：
沒有技術，只有次數

" 天賦人人都有，每個人都不該妄自菲薄。就算是
擁有天賦，也必須不斷練習才能成為勝利者。 "

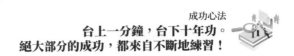

　　如果做任何事，我們都以成交機率來判定，那麼，無怪乎業務工作會被許多人視為畏途。因為的確，以初階入門來說，業務經常要面對的，就是極高的被拒絕率，以及相對來說就是很低的成交率。

● 我們打籃球，可能投籃五次，有一次刷網得分。

● 我們邀約心儀女孩吃個飯，邀約三次，可能對方會同意一次。

　　但業務是什麼呢？可能面對一百個陌生客人，後來只有十個有興趣，這十個當中，最後洽商下來，可能只有一個願意簽約。如果是這樣，成功率只有1%，那你還願意從事業務工作嗎？

　　其實全天下的業務，都在努力讓自己從那個1%變成100%，問題是：當處在1%階段時，那個門檻你能撐過嗎？

🏠天分重要，勤練更重要🏠

　　我從學生時代開始，就非常相信勤練的重要。特別是投入業務工作，每天都要接觸很多人，更必須讓

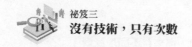

自己實力堅強，才能面對各式各樣的人。

　　所謂「台上一分鐘，台下十年功」。許多人請教我，為何業務可以做到頂尖？方法有很多，但在此要特別強調的正是勤練的重要。以我本身來說，我自己在從事業務過程，總是要求自己不斷練習，把對產品的瞭解以及應對話術……等等，都練到深入骨髓這樣的專精。例如，我在遠雄房地產，因為主要是賣預售屋，我們通常面對客戶會先導引介紹模型跟區域環境。而我的習慣，只要平日一有機會，我就會自己一個人走到模型旁邊，開始對著空氣演練，會讓自己勤練勤練勤練，練到講起話術非常自然。我也會把想表達的內容，一個字一個字寫下來，例如：「王先生你好，這是我們的交通模型，我們現在的位置是在……。」我會假想王先生在我旁邊，我該如何講，最終練到我完全不需要看稿，話語流暢，當真正面對客戶時，我只是把演練幾十遍的話術實際落實而已。因此當客戶看到的我，是個講出來的話夠專業、具備熟練度、眼神篤定的人。卻不知這背後正是日復一日的勤練。

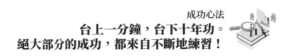

因為，練熟了，就變成自己的東西。

談起成功，很多人有個誤解，那就是以為某些人是因為「天縱英才」，他的成就我們永遠及不上。

真的是這樣嗎？

的確不可否認地，某些人在某個領域有些「天賦」，好比有人就是運動細胞比較旺盛，有些人就是對數字比較熱愛。然而，若以這樣的角度來說，每個人都是特別的，包括你我在內，你一定有某個「天賦」是勝過別人的，好比當跟籃球之神──麥可‧喬丹相比，你籃球打得遠遠不如他，但可能比起園藝、比起組裝模型、比起電玩破關，你遠遠勝過他。人生不就是這樣嗎？

所以重點有二：

第一、天賦人人都有，每個人都不該妄自菲薄。

第二、就算是擁有天賦，也不代表在那個領域就是注定的勝利者。

愛迪生說得好：「天才是1％的靈感，加上99％的努力（Genius is one percent inspiration,

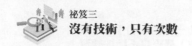

ninety-nine percent perspiration.）」非常中肯。
讓我們來看實例：

　　提起高爾夫球，大家會想到誰？老虎·伍茲
（Eldrick "Tiger" Woods）。他的球技被形容是非常
出神入化，是全世界唯一同時擁有四項大滿貫冠軍頭
銜的球員。但伍茲自己多次在公開場合表示，他的球
技精進，祕訣無他，就是：練習練習再練習。

　　從少年時期開始，伍茲每天都要花將近八小時的
時間練球，此外還有做重訓，以及有氧運動。

　　即便後來已經成名，伍茲依舊沒有荒廢球技練
習，他的友人就曾讚嘆地說，在球場上，只要一有空
檔，就看到伍茲在做揮桿練習；看到別人有值得學習
的地方，他不去管對方名次高低，都誠心把對方當成
學習對象；他自己也不斷地做調整，讓自己朝更高境
界邁進。這才是伍茲成為世界球王的原因。

　　另一個例子，我們華人圈大家耳熟能詳的功夫皇
帝：李連杰。

　　由於李連杰是武術冠軍出身，許多人理所當然以為，他是因為本身有武術底子，所以才能演出好的武打戲。但大家忘了一件事，李連杰之所以成名，並非是因為他武術的實力，而是他成功詮釋了電影角色，以「黃飛鴻」一角來說，影壇上百年來，詮釋過這個角色的人非常多，但最終大家提起「黃飛鴻」，第一個想到的總是李連杰。這背後絕對不是單純靠外貌或票房支撐，而是有一定的付出。

　　李連杰的成功背後祕訣，關鍵也依然是那兩個字：「勤練」。17歲前他就靠著不服輸不氣餒的精神，天天刻苦鍛鍊，最終才能參加武術比賽得冠。而進入演藝圈，他不恥下問，懂得謙卑願意學習。許多人說，別人演不出來的神韻，李連杰光出場就已經有那個氣勢，但其實每一回演戲，李連杰不只花功夫去研習劇本，更是真正投入做功課，翻閱大量歷史典籍，讓自己真正融入那個角色，乃至於戲演完，他也成了歷史專家。

成功的背後，天分只占一小部分，真正造就巨星

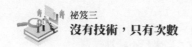
的，還是「勤練」。

🏠不要以缺少天賦當藉口🏠

　　前面談的都是具備天賦加上勤練的例子，或許有人會覺得不公平，因此在這裡，我們再來談談「化不可能為可能」的例子，見證勤練的力量。

　　既然本書談的是千萬業務的祕笈，那麼我們就舉一個業務領域的例子。

　　被金氏世界紀錄認列為「全世界最偉大銷售員」的喬·吉拉德（Joe Girard），他的銷售功力已經到達一種境界，變成和呼吸一樣自然，生活無處不可銷售，包括住飯店都可以和打掃房間的阿姨銷售。他創造的紀錄，一個月內賣出174輛車，至今無人打破。

　　但知道嗎？喬·吉拉德絕非天生的業務好手，也不是善於演說的人，事實上，他小時候有嚴重的口吃，並且學歷不高，曾是問題青年因偷竊入獄，直到35歲前，人生乏善可陳。

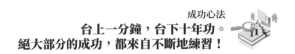
然而後來靠著刻苦勤奮他走出一片天。首先，他知道自己有口吃毛病，就刻意放慢講話速度，並靠著「常講」來練說話。沒有人脈的他，業務初期總是吃閉門羹，但他就是不怕失敗，耐著性子每天不斷的拜訪聯繫客戶，靠著執著與扎實的苦功，終於創造銷售界神話般的奇蹟。

其實當我們談起這個例子，就可以推翻許多排斥業務者所提的藉口。大部分人認為自己業務做不好，總會說自己「不擅長」業務，具體的技術方面，包括有人覺得自己口才不好、有人不擅與人社交、有人是無法掌握那種「商場敏銳度」……。總括來說，就是兩個字，通通都是「藉口」。

當年喬‧吉拉德多少是被生活所迫，且他再也受不了過一輩子貧窮的生活，如同他所說的：「因為沒有地方可去了，只好向上！」

相信我們任何人，若有一天，面臨若做不出業績，那麼明天就吃住沒著落的絕地困境，那時就再也不去管任何藉口了。就算面臨一百個、一千個拒絕，

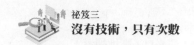

還是得努力嘗試第一千零一個，因為沒有退路，只能成功。

說到底，這只是次數問題，並且這個次數絕對是可以變動提升的。

如同喬·吉拉德，當他每月銷售汽車可以達到100台以上時，他就不可能再面臨銷售數字低到個位數字，甚至零的情況，因為他已經跨過一個新的技術門檻。

對於業務從業人員來說，真正的業務精進，不是這個月你可以賣出十萬業績，下個月卻又整月歸零的慘況，除非你這個月只是靠好運做到生意。**任何人，只要是靠一步一腳印，逐步累積出的業績，那麼一旦到達一個層次，就不會再往下降，因為那時候，技術已經成為你身體的一部分。**

所以一開始，可能成交率1%，後來成交率逐步成長到10%，再之後20%，天道酬勤，關鍵還是那句話，如同伍茲所說的：「練習練習再練習」。

當然具體來說，練習還要有個目標，並且有個相應的數字。也許伍茲的目標是要讓自己維持在世界第

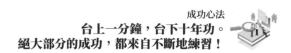

一名，他的練習有個數字，包括一天要揮桿幾次，要
跑步多少里程，他都有自我管理。

　在我們自己的團隊非常落實的一項要求，就是
「十電五訪」。

　所謂「十電」就是每天至少要打 10 通電話，不
管是和客戶分享商品資訊，或者單純跟客戶問好都可
以，包括說聲：「好久不見，剛好下週有機會到你辦
公室附近，方便約個附近咖啡廳見面聊聊嗎？」也可
能是：「我聽說最近有家公司嬰幼兒用品大特價，知
道妳家有個 Baby，特地打電話跟妳分享這消息。」

　所謂「五訪」，就是每天要跟 5 個客戶見過面。
同樣也不限制一定非要做業務銷售，就算純粹見個面
問候一下也是可以的。會強調「五訪」，因為以保險
銷售為例，這是個信任產業。人與人間，所謂「一回
生、二回熟、三回變朋友」，我們就是要透過見面，
建立長久情誼，培養信任感。當有足夠的信任後，日
後交易就比較容易。

　所以，次數增加不僅僅是技術提升，情誼也會提
升。

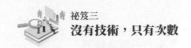

🏠 不是做白工，是累積更多的實戰勝率 🏠

我們追求的「次數」，當然是指「有效的次數」。除非有人在辦公室打電話，是刻意做給老闆看的，如果是這樣，那他不單是欺騙了老闆，實際上他騙的是自己。

就好像打靶，我們勤練打靶，若子彈虛發，就不列入次數，需裝填正式實彈再繼續射擊。

而且有誰一出生就是業務高手呢？業務不像有人天生有運動細胞，或音樂細胞般，是種天賦。那是因為，業務包含多種層面。不要誤以為業務就是口才流利，或者數學頭腦好，或者社交敏銳度高，真正的業務包含許多層面，包括技術面，也包括人格面。**所以沒有天生業務好手，只有後天勤練有成的業務熟手。**

對任何事來說，「沒有技術，只有次數」都可以適用。然而，在業務領域特別適用。

我們可以來看「百」這個字，是由「一」和「白」字合成。意思是什麼呢？就是指可能成功一次，但伴隨無數次的「白工」。

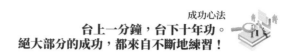
但以業務實戰來看，這白工，我們不是真的讓他變白工。所謂「凡走過必留下痕跡」，勤勞雖很重要，關於次數的多寡，有以下 3 個重點：

● 重點 1：不要想依循昨天錯誤的模式，卻希望想要得到和昨天不一樣的結果，**因此，我們每一次錯誤都要在腦海留下印記，並且提醒自己，這次的錯，下次不要再犯，這樣「次數多」才有意義。**

● 重點 2：熟能生巧。任何事，小至刷牙，大至駕駛太空梭。基本道理都是一樣的，當一件事你熟練到：就算閉著眼睛，或者就算邊做邊思考其他事也依然可以行雲流水完成。那就是熟到不能再熟的境界。許多人每天都是「不知不覺」把車停到公司停車格，甚至回想起來都忘了今天怎樣開車過來的，**因為已經太熟了，熟到都忘了它的存在。**

● 重點 3：在業務市場上，機率也很重要。例如某一款紫色的飾品，可能大部分人都不喜歡，那無關業務的銷售能力和親和度，他們就是不

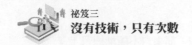
喜歡。但十個當中，可能就有一個人特別喜歡紫色，那他就有意願購買紫色那款，然而，若沒有嘗試過至少十次，怎會碰到那個喜歡紫色的人呢？

基於以上 3 點，我們可以總結：業務不需要靠天分，任何人，不論是男是女、學歷高低、年輕或年老、也不管出身背景以及外表長相美與醜，人人都可以從事業務工作，並且獲得好的成績。重點在於願不願意不怕拒絕，不怕困難，一而再再而三的嘗試，而**嘗試的重點，第一就是要嘗試錯誤，有錯不要再犯；第二就是把一件不熟的事做到駕輕就熟；第三就是用足夠的統計母數，換取更高的成交基數。**

🏠 成功，是靠著不斷重複的練習 🏠

因為所謂練習，是沒有境界的。老虎‧伍茲已經是世界頂尖，他依然每天在練習；李連杰已是功夫皇帝，但每部戲他依然把自己當新人，用心從基層學起。

　　如果本身已被認定為成功者的這些名人，都仍持續不輟的勤練，那麼，身為業務新手的我們，又何須設限？所有成功者，都是透過不斷的練習，才可能有讓人仰望的成績！

　　簡單的事情重複做，重複重複再重複。在我們團隊，我們聚焦在 1～2 種商品，不斷地練習，讓每個夥伴都成為那個商品的專家，聚焦就有力量，成交功力也會精進。今天起，不要再找藉口抱怨業績不佳了。成功，沒有技術，只有次數。

成功心法：
台上一分鐘，台下十年功。
絕大部分的成功，都來自不斷地練習！

祕笈四:
時間管理,
放大自己的時間

❝ 善用別人的時間,變成自己的時間,
才能讓實際擁有的時間真正擴充。 **❞**

　　時間，是世界上最公平的一個標準 —— 沒有差別心，不能作弊，古今中外，人人每天都擁有同樣的時間。

　　因此時間無法被改良、被保存、被倍增。一分鐘就是一分鐘，過去就是過去了，沒得商量。

　　這是以「量」的角度來談時間，然而，其實時間可以用另一個角度來思維，那就是「質」的角度。

　　大部分時候，人們都只考慮到時間的「量」，因此有人總是匆匆忙忙，因為時間「不夠用」，有人犧牲這犧牲那的，弄得生活處處吃力不討好，但他說沒辦法啊！因為時間「不夠分配」。

　　真正與時間好好共處的方式，不要想去改變永遠無法改變的事，時間的本質無法改，要改的是我們的思維方式：

　　善用別人的時間，變成自己的時間，才能讓實際擁有的時間真正擴充。

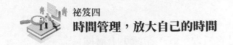

管理自我的時間

對於如何時間管理,我非常有感觸。因為每個人一天都是 24 小時,如何善用這段時間,發揮更大效益,真的需要方法。

以我本身說,當我獲得業務成績全國第一名的同時,我也考上了不動產經紀人執照。人們會訝異,我怎樣做到一方面密切和客戶互動爭取業績佳績,另一方面又能取得上榜不容易的證照?就算到今天,很多人都還無法取得不動產相關證照,那我到底如何做到的呢?

首先,時間管理要重視紀律,我每天早上七點起來後,一定會花一小時讀書,勤習考試相關東西,直到八點讀畢一個段落後上班,之後專心工作。但中間若有一些空檔,我也依然把握時間看考試相關書籍。

很特別的一個做法,就是我事先會透過自己錄音,把考試重點錄下來,當上下班或拜訪客戶開車過程,就可以放出來聽。

所以,時間管理,是有方法的。包括上廁所時,

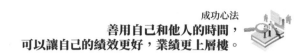

都可以把握時間，吸收雜誌資訊。

關於時間，這裡開宗明義就要告訴大家：如果你想要成為千萬業務，絕對必須要懂得時間管理。這一個訣竅沒有學會，那麼其他的技能再怎麼精進，也進展有限。

所謂「時間管理」，簡單來說，分成兩個面向，但都跟時間本質無關，而是處在同樣時間裡，我們面對事物的「態度」。這兩個面向，一個就是自己的時間管理，另一個就是善用他人的時間。

這裡先談自己的時間管理。

以績效的角度，光靠己身境界有限。即便如此，如果懂得改變自己原本的生活壞習慣，依然可以提升工作效率。

曾經有位教授，帶領學生重新認識「時間」，他的做法，是在課堂中拿出一個大塑膠罐子，接著把一袋高爾夫球，倒入罐子中，瞬間，球堆滿罐子。

教授問大家：「請問這個罐子裝滿了嗎？」學生

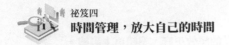
都回答：「裝滿了！」

這時教授拿出一袋小石子，很仔細的倒進罐子，很快地，罐子裡頭球與球間的空隙都被填滿。這時教授再問大家：「請問這個罐子裝滿了嗎？」學生認為這回真的「裝滿了」。

可是教授又繼續拿出一個袋子，這回倒進罐子裡的是細沙。教授邊倒沙子邊均勻搖動罐子，沒多久，一整袋沙子全都倒進罐內，並沒有溢出來。原來罐子還有空間。但到此，應該真的裝滿了吧！學生也都認為這回應該沒空間了。

但最後，教授又拿出一瓶啤酒，朝著罐子內倒，直到酒滿到罐子口。終於大家才知道，這才叫真正「滿」了。

在這故事裡，高爾夫球，就象徵著「重要的事」，相較來說小石子和沙子，都是較次要及不重要，先放高爾夫球再放小石子和沙子，代表先把時間用在重要的事，再來處理小事。而最後倒酒仍裝得進去，則寓意著「一個人再怎麼忙，也還是擠得出時間來」。（註）

因此關於時間，我們要知道的重點：

重點 1：把時間花在重要的事情上

什麼是重要的事？以本書的主題來說，成為千萬業務是目標，因此任何跟提升業績有關的事，都屬於重要的事。而以整個人生來看，我們賺錢畢竟是要追求幸福的生活，因此所有跟幸福生活相關的事，也都屬於重要的事。

然而，光是這樣列述，大部分人並不會具體落實在時間管理運用上，因此實務上，我的建議是把「時間管理要項」寫下來。最典型的作法，就是結合四象限時間管理表單，也就是將所有待辦的事情，分成四大類：

● **重要且急迫**
● **重要但不急迫**
● **不重要但急迫**
● **不重要也不急迫**

註：此引用 youtube 影片「如何活得快樂（A Valuable Lesson For A Happier Life）」（https://youtu.be/SqGRnlXplx0）。

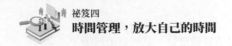

時間本質不可改變，但我們卻可以改變同樣時間下的產能。怎麼做到呢？

甲的時間運用：把 70% 時間花在重要且急迫的事，把 20% 時間花在重要但不急迫的事，只把 10% 時間放在不重要的兩個象限。

乙的時間運用：把 30% 時間花在重要且急迫的事，把 10% 時間花在重要但不急迫的事，30% 時間放在不重要但急迫，30% 花在不重要也不急迫的事項。

那麼甲和乙，最終誰的績效高？當然是甲。

或許大家會問，可能嗎？這世上真的會有人花很多時間在不重要的事情上嗎？答案是不但有，並且很普遍。不是常聽到一個術語叫做「摸魚」嗎？就真的有許多人，把一天工作時間花在東摸摸西摸摸，調調商品擺設、清理桌面、上網瀏覽郵件、打電話跟老友哈拉。等一天過去，覺得自己也是很「忙」，就這樣度過一天。

重點 2：善用零碎的時間

每人一天都有 24 小時，但大部分的人這 24 小時都是零碎的，可能某件事做一半，就被另一件事打斷（例如，企劃案寫一半，被老闆叫去開會），或者要處理甲工作，必須經歷某個歷程（例如去拜訪客戶，必須要花一個半小時的交通時間）。此外，一天的生理需求吃飯睡覺如廁，也都必須要花時間。

許多人的時間浪費，是因為不懂的時間管理，他們總覺得怎麼「不知不覺」地，一天又過去，看起來也沒完成什麼事。那是因為：

● 不懂時間分配

時間分配也需要懂得規劃，就以拜訪客戶來說，有兩個客戶住東邊，兩個客戶住西邊，一個客戶住南邊。有效的拜訪方式，應該是依照順時鐘或逆時鐘，以「順路」的方式進行，可能依序拜訪東邊兩個南邊一個最後西邊兩個，而不是東邊跑完一個，大老遠趕去西邊，接著又長途跑回東邊拜訪。此外，如果都到東邊了，也可以順便拜訪本來就住在東邊的老客戶，在我跑客戶時，採用里長式拜訪法，同一個區的一起

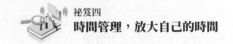

跑。這樣最有效率。

●不會利用閒置時間

在每天，一定會碰到閒置時間。除非可以瞬間移動，否則拜訪客戶一定會有通勤的交通時間，或者約了兩個客戶見面，甲客戶談完了，但距離和乙客戶見面時間還早而必須在外等待……等等。如何運用這些時間，也攸關一個人是否可以成為千萬業務。有人的做法是趁機整理簡報，或者整理客戶名單，甚至撥空又聯絡新的客戶。有人則只是打盹、發呆。零碎時間應用方式不同，結果也就大不同。

重點 3：結合自身的本能習慣

最後，在自我時間管理上，很重要的一點，依照人人從小養成的習慣不同，時間運用方式也不同。例如有的人就是上午比較沒精神，那麼就把上午時間用在比較瑣碎的事務，如整理客戶資料，或處理郵件，然後集中精力下午拜訪重要客戶。或者有人用餐後，會比較容易打瞌睡，那麼每天拜訪客戶時間，儘量集中在好比說上午時段，以及下午三點後。這樣才能增進每次談生意的成交率。

其實不僅僅是在工作領域，考試念書也是同樣道理，我當初可以邊獲得業績冠軍，邊考上證照，就是因為懂得搭配「時間效率」。

考試訣竅分享

現在不同的產業，經常也強調需要具備各種證照，許多業務朋友們，也因此平日必須準備考試。這裡分享我的考試心得。

例如我們有些同仁，要準備壽險營業員證照考試，怎麼念書呢？我建議採四階段閱讀法：

★第一遍：先快速瀏覽，聚焦在了解課文內容重點，清楚章節架構。

★第二遍：這回要認真閱讀，很仔細的看，不懂的地方要去查資料。

★第三遍：針對比較不懂需要多讀幾遍的地方，以及比較考試重點的部分開始錄音。一方面可以之後播放出來聽，二方面錄音時也加強印象。

★第四遍：平日加強學習的方法，就是一有機會就放錄音來聽。

當年我考上建中、考上國立臺灣大學，也是借重這種方法。

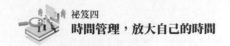
善用他人的時間

千萬業務的時間管理核心關鍵，絕對就是充分善用他人的時間。所謂善用，典型的例子，就是企業組織，老闆付薪水給每個員工，也就等同買下每個員工一天八小時的上班時間，他只需管理好所有員工的時間，就可以每天用這些加總的時間，為自己累積財富。

但若跳脫經營管理學，純以個人來說，如何善用他人時間呢？

依照他人的意願，可以分成二個層級：

● *層級1：他人本身不一定有意願，但可以用好*
處或錢買通。

這就是典型的花錢買時間。前述的老闆聘請員工是一種方式，若以個人來說，買時間的方式，包含聘僱、外包，乃至於收買。聘僱，例如我們趕去客戶的辦公室，搭公車耗時，自己開車也麻煩還得找停車位，那麼搭計程車就是一種花錢買時間。外包，好比說我手中有十件事，其中五件花點錢外包出去給別人

做，換取我可以專心處理更賺錢的事。所謂收買，例如我請同事李小姐在整理客戶資料時，連同我這邊的檔案一起整理，但我會請她吃頓大餐做為感謝。

這一部分，簡單來說，就是花錢請人，這部分是大部分人都熟習的。

● *層級2：採用互助合作的模式，彼此都可獲利。*

這裡要特別強調的，就是透過互助合作提升業績的方法。這也是我在很年輕時候就可以快速成為業績冠軍的關鍵。

一般業務屬性的企業，業務與業務間，雖屬於同一家企業，但彼此間多少都是競爭關係。就連同屬一個部門，好比說，都是同一個房屋仲介加盟店的同事，彼此間也一樣是競爭的，畢竟客戶來了，業績不是給你，就是給我。

但當年我開始在遠雄集團服務，我自己就採取分工合作的方式。透過這種方式，不只可以提升時間效率，還有其他許多優點，例如可以結合不同人的專長讓我們借力等等，在本書其他章節，也會做介紹。

純以提升時間效率來說，我的做法，簡單講就是

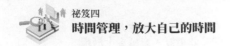

「業績不獨占，有錢大家賺」，有時候當我們懂得讓利，反倒獲利更多。

例如當我在房地產銷售時，經常碰到，好比說一次有三組客戶要來找我，但我一個人分身乏術。我不可能先帶一組，把其他二組晾在那邊。最好的做法，就是依照客戶的職業以及背景，針對客戶的屬性，找到適合的同事來接待，透過分工，可能同事王先生負責接待 A 組客戶，同事張小姐負責接待 B 組客戶，也許他們只負責前半段的接待和介紹，等我處理完我手邊的客戶，再來接手後續。經過這樣的分工，三組客戶都被照顧到，而業績也都不吝三個人平分。

我善於與其他夥伴一起合作，後來當其他有類似的情況，也會找我合作，大家共同成交一個又一個客戶。因為我的先付出，後來我得到的回報也最多。

🏠提升自己單位時間的價值🏠

談起時間管理，最後我們來談時間的價值。

對每個人來說，時間的「量」是一樣的，但

「質」卻有很大的差距。好比我們也經常聽到有人這樣說：「某甲一小時的價值是超過一萬元，某乙一小時價值只有依照勞基法規定的 120 元，所以假定兩人同時被困在車陣中不能趕赴工作現場，那麼前者的損失是後者的將近一百倍。」

雖然以這樣計算聽起來很功利。但卻是真正的社會現實，若我們追求成為千萬業務，就是要讓自己的時間有更大的價值。

讓每個小時發揮最大效用，最基本的計算，就是投入單位報酬最高的事情上。方法包括：

● **做有錢人的市場：**這也是本書祕笈二強調的重點。

● **提升轉換率：**單位報酬高有兩種方式，一種是一次支付高金額，一種是雖然低金額但短時間內累積次數很高。以這樣的角度，某些時候採取薄利多銷，但卻能引來排隊的人龍。那樣也會帶來高報酬。

● **增加黏著度：**一般來說，每開發一個新客戶，都一定會投入相當的時間成本，從最基礎的商

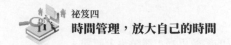

品認識到建立感情，都需要時間。但當第二次消費，就省去這些前置作業。因此，若大部分的客戶都是老客戶，都是重複消費，那麼，也一定可以提升單位時間內的報酬。

● **一對多交易**：透過一對多，諸如直播或社群行銷等，也是非常有效的單位時間報酬倍增法。

這些關於透過時間管理帶來效益增長的方式，若我們願意花點時間規劃，不要每天只悶著頭打拚，相信每位業務朋友，都可以大幅提升績效，讓自己更快朝千萬業務邁進。

成功心法：
善用自己和他人的時間，可以讓自己的績效更好，業績更上層樓。

notes

祕笈五：
借力

❝ 放眼身邊周遭可以借力的資源很多，若有心，
萬事萬物都可以借力。 ❞

相信即便是一個業務戰場上的新人，如果一開始依照祕笈一，找到對的師父，快速導入成功銷售的SOP，打下扎實的基本功，祕笈二，選對市場，再加上祕笈三，不斷勤練勤做，且善於複製，讓自己一方面從做中學，二方面也逐步加大成交機率，然後在祕笈四，我們也懂得時間管理，最終，我們再來搭配「外力」，就可以讓每月業績更提升。

其實，所謂借力。廣義來說前面談的四個祕笈，都包含借力的成分。例如找到師父，就是借重師父已經修得的功力：他可能花了十年功，你卻只要一個月就可以抓住訣竅。做有錢人的市場，則是借助有錢人的財力，讓我們財富累積更快速。不斷的勤練，過程中其實就是借重一次又一次不同客戶的反應，讓我們認識各種類型客戶，至於時間的管理，絕對需要結合大量的借力技巧。

當來到借力的高段，我們就會發現，身邊周遭都是資源，都有我們可借的「力」。

🏠 總有資源可以讓我借力 🏠

在我的團隊裡，不論是以前在做房屋銷售，或者後來轉戰高資產理財都一樣。「借力」已經是一種大家養成習慣變成彼此默契的模式。我身為領導者，深知每個夥伴的優缺點。我也不會吝惜把利潤分享給同仁。以銷售房屋為例，可能今天來的是一對老夫妻，他們講台語，充滿鄉土味。我負責接待他們，參觀環境，分析簡單的房市行情，但我也知道，我的調性明顯和這對夫妻不合，不適合硬接。在適當時候，我請我的一位台語很好的同事李小姐接手，她是出身偏鄉的純樸年輕人，她雖是新人業務力還須培養，但她的調性和這對夫妻很合，由她接待這對老夫妻，後來果然溝通順利，最後要談價格時，我再來參與協談，最後成交的業績，我和她彼此各半。

所以即便李小姐仍是新人，她依然可有她的特色，足以做為業績成交的借力。

自古以來，人類文明的演進，可以說就是千萬年

的「借力」史，那些功成名就、名利雙收、歷史留名者，毫無例外每個都是善於借力者。

以原始的耕田為例，最早懂得借獸之力，御牛來耕田者，工作時間變短收成反倒更多，於是躍升為農園莊主。古時候兩人之間有仇隙，一對一可能打不過對手，但最早借力者，形成一群幫眾，借團隊之力，打趴對方。包括帝王將軍，也都是借軍隊之力，成就個人霸業。

借蒸氣之力，有了工業革命；借電氣之力，生活快速升級；借電腦之力，運算出新的世界；借網路之力，天涯若比鄰。想成為千萬業務，就讓我們四處來借力吧！

簡單來區分，就算是新手業務，站在基礎的起跑點上，也有四種力可以借：

● 系統力

這是最基本可以借的力。如果選擇的公司，有好的培訓系統、輔導機制、並且有好的環境，例如明亮空間及好喝的咖啡，讓你可以邀約客人，更進入愉悅銷售狀態。那這就是一種很好的力。

所以我們若能找到對的公司、對的平台，有助於業務拓展。

● **團隊力**

這更是影響業務發展甚鉅的一個選項，如果處在一個鉤心鬥角的環境，光內鬥就耗費許多心神，更別說要向外拓展業績了。一個好的團隊，絕對是要能夠被借力的團隊。例如本章一開頭李小姐的實例，就是團隊力的一種。

● **客戶力**

是的，別忘了 ── **客戶不只是我們銷售商品提供服務的對象，客戶若經營得宜，那他們本身也是很大的銷售助力**。事實上，一個千萬業務員的背後，往往擁有很大的客戶群，都是來自於客戶的重複消費以及客戶的轉介紹。甚至當客群成長到某個階段，光靠原有客戶的消費力，就有源源不絕的每月進帳。

● **萬事都給力**

這裡來分享一個龜兔賽跑的故事。

大家都知道，龜兔賽跑第一回合，兔子因為掉以

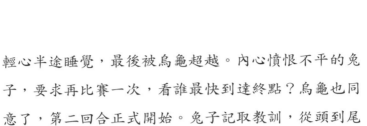

輕心半途睡覺，最後被烏龜超越。內心憤恨不平的兔子，要求再比賽一次，看誰最快到達終點？烏龜也同意了，第二回合正式開始。兔子記取教訓，從頭到尾全力衝刺，不敢再半途休息，心想：「這回我一定贏定了。」沒想到，一到終點線，卻發現這回烏龜依然比牠早到，原來，烏龜這回是搭計程車來的。畢竟，比賽是規定誰先到終點？又沒規定一定要用跑的。烏龜只是善於借力，牠借的是計程車的力。

總之，以達到業績為目標，我們都可以適當借力。放眼身邊周遭可以借力的資源還有很多，若有心，萬事萬物都可以借力。好比說，你在銷售保單，這時候媒體一篇「臺灣少子化」的專題報導，就可以讓你拿來借力。

到後來，借力要變成一種習慣。也就是說，你原本已經設定一個目標，好比說這月要銷售五張保單，或賣出兩個物件。設定目標全力以赴，為達目的，你一定把身邊所有的資源都用上，善用主管的力、善用同事的力、善用公司提供的福利之力（例如有的公司

可能提供商品折價券讓你在適當的時候應用）、善用客戶的力（例如「那個某某企業董事長，上月也跟我買！」的話術）、善用眼前可以看到的所有資訊的力。

當你借力使力，已經到了爐火純青地步時，相信你的每月業績，也一定來到讓你眉開眼笑的境界。

🏠 團隊就是我的業績戰力 🏠

在一個工作環境中，特別是對新人業務來說，最主要借的力，除了公司本身提供的環境及制度條件外，還是有賴團隊力。

新人業務第一個該借的力，當然是自己的直屬主管。

好比你帶人看屋，靠你的親切笑容，讓客人感到願意與你親近多了解一下物件。但你還不太會陳述這房子的優點，這時候主管適時出來，協助你締結這筆交易。

然而我們也要知道，**主管沒有義務一定要幫你，**

愈是成功，事業有所成就的人，都是最會借力的人。

任何人都沒有義務要幫你，天助者必先自助，你必須平常做事認真，表現出勤奮上進的樣子，那麼當有需要幫忙時，主管才會站出來協助。

在銷售時，不時也需要同事的支援，包括身為新人，這也不懂那也不懂，同事要協助教導，或者邀約了某個客戶，但又很擔心不知道如何傳達商品的優點，資深同事看你老實認真，平常又對同事很有禮貌，便會說：「好吧！我就來幫你一把。到時候記得請杯飲料就好。」那麼，你就借到資深前輩的力。

可以借前輩的力，可以借主管的力，當然也可以借新人的力，比如說前面提到李小姐的案子，就是借新人的力。無論如何，面對不同的客戶，依據不同的客戶屬性，對方可能是工程師，可能是較具鄉土味的，可能是外國剛回來講話中英夾雜的，各式各樣。我們都可以適當搭配團隊中合適的夥伴，借他的力，兩人合作讓案子成交。透過互助合作，同事們可以接待一組又一組的客人，做了基本的商品介紹，也觸動客戶想購買的心，但最終的訂單締結是一道關卡，而同事們都知道我是簽單第一把好手，幾乎訂單轉到我

這，90% 都會成交。

於是這樣的模式就形成了：一件案子，同事們介紹上半段，下半段交給我來接力完成。然後一個個訂單成立，皆大歡喜。這樣也形成整體團隊借力的一種習慣。

當然，這是我的領導風格形塑的團隊氛圍，也許在讀者本身的產業環境裡，目前沒有這種合作模式，或者就算有，也沒有到那種默契十足的配合度。但只要抓住基本精神，由己身做起，例如今天你接到一個案子，適時的邀不同專長的夥伴共同組 Team，並且最重要的，賺到錢時你絕不藏私，要公平分享，那麼合作一次兩次後，夥伴們也會願意投桃報李，然後形成你們大家都共同成長的彼此借力模式。

其實回想起來，當初我從不動產銷售產業後來轉戰到保險產業，在這中間的過程，邀請我加入的保險部門主管，也非常善於借力。當時我賣房子賣得好好的，每年業績都很不錯，真的沒有覺得有必要換跑道。後來會轉換念頭，除了大環境房市開始不景氣

外，也因為當初邀約的主管，不斷拿出保險產業有
「持續性的被動式收入」案例，好比某個趙師兄，才
30 歲，第一年年薪就有台幣七百萬耶！主管的誠懇
邀請，加上他懂得借力透過資訊打動我，後來我才決
定投入保險業。

所以各位好朋友，努力很重要，但孤軍奮戰的努
力，成就總是有限。要如大海廣納百川，讓身邊萬事
萬物為我所用，借力者，才能更上一層樓。

🏠 啟動身邊周遭的力 🏠

其實所謂「借力」，可以運用的範圍很廣，甚
至，不一定只能借高手或借比我們能力強的人之力。
很多時候，就算是業務菜鳥，依然有可以讓人借力的
地方。

例如，以我自身當時還是菜鳥為例，剛開始肯定
很多業務都不夠熟悉，也尚不懂得如何與客戶對談的
訣竅。即使是這樣的情況，我本身還是有屬於我可以

被借力的地方，像是我以新人角度看待公司做事情的
看法，對團隊來說也是很有用，因為資深業務已經習
慣那套熟練的銷售模式，反倒無法真正了解來賞屋客
人的心情。這時候，透過新人菜鳥的觀點，就可以反
推客人的觀點，這是因為菜鳥跟客人一樣，都比較像
一張白紙。

　　有一個實際案例，就是借重菜鳥「沒預設立場」
這項特質，後來成交的。

　　那回我因為身體有些不適，主管介紹我去看一位
耳鼻喉科王醫師。他是位健談的人，一看到我就自然
熟似的和我聊開了，聊他希臘旅行的種種，聊好久才
問我身體哪裡不舒服，也順便問我從事哪一行。我那
時就跟王醫師說：「我在遠雄賣房子！」醫師當下就
說剛好他也想買新房子，還跟我換了名片。由於當時
我參與的銷售建案還在籌備期，我也不以為意。以我
這「資深業務」的判斷，這醫師只是配合我的身分在
聊天，我不認為他是真的要買。

　　大約三個月後，我參與的建案正式要開賣了，我

想起了王醫師，心想，都已經跟人家拿了名片，不聯絡也有點可惜。就交辦一個剛報到沒多久的菜鳥業務，請他負責聯繫。沒想到的是，這個王醫師隔天真的來看屋，而且當場訂了一戶，隔了兩個禮拜，又介紹另一個醫師訂了兩戶，成交總金額超過台幣一億元。原本以我「資深」的眼光沒有判定這醫師會買屋，反倒菜鳥新人，就是一張白紙，他完全沒預設立場，因為對他來講每件事都是新的，由這樣的人去接洽，反倒因此迎來成交。

以上是借菜鳥新人之力的實際案例。然而，就算有力可借，也要當事人願意借力啊！近代以來，也許受到電影電視的影響，許多人內心有種英雄主義，認為凡事都要靠自己，如果要靠別人幫忙，那就不算男子漢。另外有的人純粹就是「過度禮貌」，也就是他不好意思麻煩別人，明明可以請人幫忙的事，自己做不來，卻仍硬著頭皮做。這樣既讓自己工作沒效率，往往也拖累整個團隊。

讓我們可以先藉由以下方式來訓練自己借力：

秘笈五
借力

● *盤點身邊資源*

* 自己所屬公司有哪些資源？

（公司的設備、福利、輔助業務的制度）

* 自己的團隊，有哪些資源？

（主管挺不挺你？有哪些資深同仁願意幫你？）

* 自身背景有哪些資源？

（好比說你認識某某理事長，他可以幫你引介朋友）

● *訓練自己借力敏感度*

* 閱讀新聞，是否可以敏銳地察覺這則新聞可以「借」來用？

* 搭配國家政策或大環境趨勢，是否有什麼跟我的事業有關？

* 特定節日，好比說情人節、父親節等，是否可以刺激我的銷售？

* 已經成交的客戶，是否可以對我後續銷售有幫助，例如協助引薦？

基本上，任何可以減少你原本苦勞的事都可以列入你的資源。好比說，你不需要口沫橫飛說服某個

人，只需搬出某某理事長的引薦，就可以賣產品給他。或者當靠自己難以招募新人，但背後有個企業大招牌，招募人就很容易。

無論怎樣的力，核心還是你。如果你本身沒有啟動觀察力以及行動力，那麼就像孤舟身處在大湖中，身上沒帶釣竿，於是滿湖的豐富魚群，都跟你沒有關係。那就非常可惜了。

借力，先從啟動自己開始。察覺身邊都是力，甚至，包括書本也是力。

成功心法：
愈是成功，事業愈是有所成就的人，
都是最會借力的人。

秘笈六：
複製成功，
是最快的方式

" 在任何的領域，初始一定有個階段要抄寫、模
仿、比照辦理，也就是「複製」，但最終還是
要「融會貫通」，變成自己的東西。 "

前面談過，18 祕笈的第一項「找到對的師父」很重要，但當我們業務成長由初級逐步邁向熟練過程中，如何擴大業績戰果？關鍵在於更廣泛的學習。

師父很重要，但大家一定也都聽過一句話：「師父引進門，修行在個人」。

是的，學習很重要，但修行才能將別人的功力，內化成自己的本事。

我們也都曾聽過，好比在藝術界，某某人永遠成不了大器，因為充其量他只是某位大師的「影子」，或者在不同的領域，某個人被稱為「魯班第二」、「阿基師第二」，代表他工藝很強廚藝上得了檯面，可是再怎麼強，他只是名人的「第二」，最終大家也不會記住他們的名字。

當然，業務工作追求的是高收入以及高品質生活，不是要成為名人。但共通的道理，若只能亦步亦趨的跟隨師父的作法，自己沒有自己的思維理念，那成長的境界必然有限。

那怎麼樣一方面不要完全比照師父，一方面又能加快成長呢？本章讓我們談如何「複製成功」。

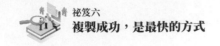

🏠 最基本的複製：跟高手複製成功方法 🏠

其實，我最早開始讓不動產業務銷售更精進，就是透過複製。

在我還是房地產業新人時，曾在代銷公司擔任行銷人員，週一到週五的時候，就是處理各種內勤工作，或者說我們是打雜也可以，基本上不負擔有業績壓力的工作。但因為公司案量大，所以在星期六、日為因應人手不足的情況，也准許我們這樣的行銷人員，可以參與業務工作。

記得當時有個專案，正職業務有五個人，三女二男。其中有個我們暱稱她「銷售一姐」的業務員，真的很會賣房子，整個建案 24 戶，在銷售期間沒多久，光她一個人就賣出了 10 戶，其他人則尚無業績。

身為新人的我，當時一心想學業務，那種內心想要成功的強烈動機，讓我願意主動去偷學一姐的招式。怎麼做呢？現在回想起來，有喜劇電影的調調，那時每當有客人進來，若由一姐接待，我就刻意跟在一旁，但又不能太明顯，所以我就常常搭配「道具」，

例如當一姐帶著客人在介紹客廳如何如何，我就故意跑到客廳旁的展示架旁，拿抹布裝成在擦灰塵的樣子。或者一姐走到某個房間，我就偷偷跟過去，在隔壁房間裝成在整理東西，其實在偷聽她的銷售話術。

或許是一姐真的很投入她的業務工作，總之，她似乎沒發現到「那個新人怪怪的」。而就這樣，藉由偷學，我發現到一姐銷售的訣竅。她的特色就是當描述不同房間時，很善於讓客戶融入情境，讓客戶感受到住進這間房子時，可以洋溢著幸福的感覺。

偷學很多次後，我覺得我似乎學會一姐的銷售模式。後來在某個假日，我可以參與銷售，由於假日賞屋的人比較多，我們也可以去帶客人。我就開始比照一姐銷售的方式，也是跟客人邊敘說房間的特色，邊引導客人去想像那種情境。不巧，一姐當時也在帶另一組客人，當她們這組剛好經過我旁邊，她聽到我說話的方式，頓時兩眼瞪大的看著我。

事後，她也直接問我，為何我銷售的方式跟她那麼像，我也坦承我就是跟她學的。這一姐倒也沒生氣，反倒是覺得我很認真！

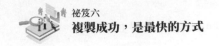

最終檢討成績，24戶中，銷售冠軍是一姐，銷售第二名竟然就是我，我們合起來共賣出近20戶，其中我一個人賣了五戶。剩下的五、六戶，才由其他人均分。

這是真實的故事。其實，我們複製的方法可以很多，偷學是其中一種，但如果有機會可以「正大光明」的學，自然也不需排斥。

後來，在我自己的團隊裡，我還會刻意安排這種「正大光明學習」的培訓方法，就是讓夥伴們可以更有效的複製。

事實上，我的團隊成員不需要「偷學」，我直接要求他們，針對銷售的每個環節，要找出優秀的「模範人物」。

舉例來說，我們遠雄銷售團隊有定出成功五大關鍵以及許多的銷售話術，這部分就由我來傳授，每個夥伴都要照我的講話版本。但在銷售的其他環節，當我發現誰的模式值得學習，我就直接把那個版本變成一個公版，要夥伴們就「複製」起來。

好比說，如何講述理財型保單、如何講述儲蓄……等等，都有個範本，讓他們比照辦理。但也不是硬背，而是必須將這些公版，再轉化為他們自己的語言，講出來。

　　以遠雄來說，我們的整體業務制度，就是一個鼓勵複製的制度。所以我帶領團隊時，會嚴格強調「鐵三角」的重要。在遠雄所謂的「鐵三角」，就是指三個必要參加的會：晨會、月會以及講座。

　　在晨會裡，是大家互相分享傳授業務重要技巧的場合；在月會，是公司重要布達以及見證優秀業務發言的時刻；至於講座，更是實際邀約客戶到場互動的場合。

　　這個「鐵三角」，我要求團隊絕對都要參與，過程中，就是讓他們不斷複製、複製再複製，練習、練習再練習。

⌂複製，但要做到內化⌂

　　複製，某個角度來說，就是把別人的東西，化為

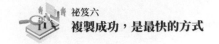
自己的東西。但乍聽起來有些矛盾。畢竟，所謂複製，甚至感覺比「學習」還糟。複製，不就是像影印機一般，把原稿原件全部一模一樣翻製嗎？

然而，回想我們小時候，最早開始學習語文或學習數學，基本功是什麼呢？就是「抄」，老師要你抄寫課文，抄寫黑板上的習作。小學的課作業，一定也有字帖模擬，就是方格子上，一邊寫著正確範例，一邊就是空白處，你要照寫出那個字。

所有的學習都是這樣來的，重點是，有人把抄寫當成學習的「目的」，有人把抄寫當成學習的「基礎」。一個永遠只懂得抄寫的人，就算把《赤壁賦》、《出師表》照騰幾千遍，也不代表他可以獨立寫出一篇優秀的文章。

同理，在任何的領域，初始一定有個階段要抄寫、模仿、比照辦理，也就是「複製」，但最終還是要「融會貫通」，變成自己的東西。

具體來說，好比有十個學生，跟著某個大師學習，正確的發展，應該是最終呈現十種樣貌，而非十個一模一樣比照大師的作品。

在業務的拓展上，有兩個看似衝突的概念，但最終若能相輔相成，就能打造超級業務。

　　這兩個衝突概念：其一，就是我們常聽到的「聽話照做」；其二，就是變成「出類拔萃」。

　　理論上這兩件事不可能並存，因為既然聽話照做，那就只會變成「一模一樣」，怎可能出類拔萃呢？

　　一個典型案例，就是連鎖加盟。好比說麥當勞，好比說星巴克，再好比說臺灣大街小巷隨處可見的 7-11。所謂「加盟」，基本要求，就是很多地方必須「一模一樣」，包括店招、整體布置風格、店內文宣、架位形式，以及各類商品銷售搭配，還有員工制服及海報張貼等等，都必須依照總店指示，做到「一模一樣」，那是因為這個品牌已經成為「典範」，已經深入民心，大家跟著照做就好，如果一家 7-11 只有招牌看起來一樣，但內裡都按店長自己意思布置，連玻璃自動門的叮咚聲也沒有，那就不是 7-11 了。

所以這些國際加盟體系，就是典型的複製。但即便如此，在符合楷模複製的基本前提下，店長仍有很大的彈性空間，怎樣將一家店經營得有聲有色，依然是各憑本事。這就是站在複製基礎上的，追求各自精進。

同理，放在業務工作。我們可以舉最典型的業務銷售行業之一：傳直銷產業為例。正所謂「簡單的事情重複做」，把一些前輩的作業模式，包括如何邀約、如何運用「ABC 法則」[註]、如何締結成交等等，形塑一整套 SOP。對於新人來說，只要認真地「聽話照做」，必定日有所成。

但其實我們也可以發現，這一套聽話照做模式，

註：傳直銷 ABC 法則的「A」是指要借力的對象：這可以是你的上線、領導，或者可以是雜誌、有公信力讓人產生信任感和專業度的人事物。「B」是你自己本身，以做為連接「A」和「C」中間的橋樑。「C」是指客戶或待成交的夥伴，也就是有需求的人。而「ABC 法則」講簡單的就是在借力，利用借力來提高你的成交率。

只適用在從新人過度到一般業務的階段，以實務點來說，就是讓一個新人可以從完全沒收入，至少做到每月有進帳。但如何進階呢？這時候就看個人功力了。

我們可以看到，往往一個傳直銷組織的領導層級，會有不同的風格，有的專長華麗表演風，有的專長學術培訓風等等。那就是由「複製」升級到「各憑本事」階段。

內化，是業務升級的關鍵的。

本書，是要我們成為一個千萬業務，而不單單是可以過活的業務。如果每個月收入，最終就是跟一般上班族差不多，甚至隨著淡旺季，經常還比不上普通上班族，那麼，我們投入業務想要賺大錢的夢想，就會愈來愈遙遠。

因此，記住一個業務守則：師父教的我們盡量學，但終究師父是師父，我是我。

師父成功時的背景，跟我們現在面對的時代趨勢，也必然不同了。

以武俠小說來比喻，如果把跟隨師父當做練功基礎，那麼書中的絕世俠客們，後來怎麼變成武功高手

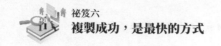

呢？答案就是懂得多元複製，並集結成自己的一套功
夫。

🏠 如何由平庸轉成高手的關鍵 🏠

　　我們看金庸武俠小說裡，每個男主角們，一定都
是融合各種武功招式。例如《大漠英雄傳》的主人翁
——郭靖，既會丐幫降龍十八掌，又懂九陰真經，還
有雙手互搏等等雜學；《倚天屠龍記》的張無忌有九
陽真經，還有乾坤大挪移太極拳等等。

　　也許不一定每個人都讀過武俠小說，那以現實生
活中各行業為例，頂尖的廚師，一定都從基本功，包
括切蘿蔔、剝洋蔥等做起，但最後出師的歷程，則肯
定閱歷了各式各樣的煎煮炒炸中西式的廚師功夫；成
名的畫家，也肯定都扎實了不同的繪畫技法，就好
比一個抽象畫家，你以為他畫不出學院風的標準構圖
嗎？如果他基本的素描構圖等都不會，那他就不會發
展出大師的格局。

　　那麼落實到我們的業務功夫上，怎樣才能「融合

各種武功招式」呢？

方法就是複製。

複製別人的成功模式，與跟隨師父學功夫，其實
是兩種不同的概念。

學功夫基本上應該是由空杯開始，你本身原來一
無所有，然後跟著師父從基礎學起，整體來說，這種
互動模式，主角是師父，我們只是配角。

但複製的話就不一樣了，複製的情境，我們永遠
是主角，反倒被複製的人只是配角。

「複製成功者」就是更上一層樓的通關密碼。

具體來說，什麼叫「複製成功者」？舉例來說，
我是個新進業務員，我已經熟悉公司的產品，也有了
基本的膽識和溝通技巧，但我該如何讓業績更突出
呢？我觀察我的周遭，假定我有一個主管，及五個同
事，他們都是我的前輩，每個人風格不同。那麼，就
代表我有六個複製的「管道」。

＊也許，我的主管最擅長的是公眾演說，他可以
　　藉由行雲流水般的產品說明，讓客戶深受吸
　　引。

* 也許同事 A，擅長的是吸引客人。可能當有人來賞屋，他就是有本事靠近陌生人，讓對方不感到壓力，願意留下來聽他講話。但可惜他有吸客的魅力，但銷售技巧不怎麼高明。

* 同事 B，則是個數字導向高手，他可以用很專業的語調，融合各類數據，讓聽者感到很可信賴。但他的缺點則是，很會用理性方法溝通，但不擅與人初次接觸。

* 其他同事。有的擅長殺價、有的擅長與中老年人交流、有的脾氣好，就算碰到奧客也可以化解⋯⋯等等。

　　假定你是武俠小說中的男主角，那上面所列六個人的不同優點，不正代表六種學習武功的管道？你只要懂得「複製」他們各自的優點，你學習同事 A 吸引客人的方式，但如何說服客人，則改跟同事 B 學，最終如何殺價，又改跟同事 C 學等等。

　　試想，經過「複製」後的你，是否等同吸納六個人的功力於一身，你就是這樣變成武功高手，成為業績銷售冠軍。

以我自身為例，雖然我已是業績冠軍。但我始終相信，一山還有一山高，從不會自滿。我認為每個人最終能做到成交，都有自己的一套本事。前面我舉例我以同事為學習對象，這裡我更強調，以銷售高手為學習對象。

在我們辦公室裡，會有個銷售區，擺著很多銷售桌，我經常在那樣的環境，偷聽別的業務是怎樣達成他們的銷售，好比說，這個建案，前面有高架道路經過，這是一個比較負面，可能會被客戶質疑的劣勢。我很好奇，當其他業務高手碰到客戶問到這個問題，他會怎麼回答？於是就藉由坐在隔壁銷售桌，可能我裝做正在整理文件，其實我正耳朵張大，聽隔壁業務高手如何和客戶做說明。

不同的業務高手，可能有不同的解答方式，反正成交一定有關鍵原因，藉由坐在銷售桌「學習」，我也「複製」了許多新的觀念、新的話術。

總之，懂得如何複製，搭配一個好的複製系統，其功效就好比可以讓一隻猴子進去，出來後就變成孫

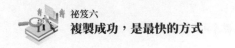
悟空這般的神奇。

業務從低階進階到中高階的關鍵，就在於經歷正確的複製。

成功心法：
聽話照做，正確的複製才可以讓成功變得更為簡單。

聽話照做，正確的複製才可以讓成功變得更為簡單。

notes

祕笈七：
做好通訊錄管理

" 通訊錄，看似平凡的隨身記錄，但卻可以帶來
不凡的交易影響。 "

懂得運用時間，往往是千萬業務和一般業務間業績為何差距那麼大的重大關鍵。

我們在「祕笈四」介紹過時間管理的重要，但對千萬業務來說，善用工具，更是時間管理的必要輔助工具。

包含透過視訊及遠距離交流，可以不須舟車勞頓就能洽商客戶。結合直播及社群連結，可以將產品說明推介給數百人。此外，在與客戶洽商時，若隨身掏出的是更尖端的科技應用工具，簡報呈現的樣貌更加新穎等等，也會讓客戶留下深刻印象，促進成交率。

關於如何善用工具，有賴我們平日多多增長自己的時代脈動觸角，以及不斷接觸新的科技事物。

本章要來分享的，則是每個業務必須具備的時間管理工具：手機。

在現代結合手機可以更方便時間管理，但其實就算在從前時代，用最傳統的筆記方式，一樣可以做到客戶管理。

通訊錄，看似平凡的隨身記錄，但卻可以帶來不凡的交易影響。

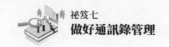

🏠時間管理很重要，結合通訊錄事半功倍🏠

　　善用通訊錄，是我拓展業績很重要的武器。我從事業務工作十幾年來，都有個良好習慣，我把從以前到現在，所有曾接待過的客戶以及有機會商務交流過的名片，都會依照一定規範，把對象的姓名電話地址或是喜好等等，建立成完備的通訊錄。

　　可以說：人脈帶著走。其優點包括：可能這一次成交的客戶，當下一個案子進行，他依然可能有意願購買。此外，依通訊錄分類，把同樣產業歸納一起，若有相關範疇，比如說我要拜訪一位新朋友是位醫師，就可以請教過往成交過的醫師客戶。最後，這個通訊錄，就是我的整體資源礦脈。

　　舉例，今天我去汐止拜訪遠雄在那邊的辦公室，行程結束後，還有多餘時間，那我也不會浪費，就查通訊錄有哪個客戶跟汐止有地緣關係，一查，有位三年前曾來看屋，後來雖然沒成交，但當時談話感覺很不錯的溫姐。我於是打電話給溫姐，跟她說我剛好來汐止，可不可以順道去拜訪她？溫姐說當然歡迎啊！

我於是過去拜訪，順便聊一下我現在轉戰保險部門，
她也表達有興趣多深入了解這一塊。

當時我剛轉入保險事業，很多東西還不熟悉，我
回公司再準備多一點資料後，再來拜訪溫姐，這一
次，她就跟我買了全家七人，每年一百一十萬的保險
合約，可以說，如果那時沒有借助通訊錄，就不會有
這個商機。

所以通訊錄真的很重要。但談起通訊錄，身為一
個成功的業務，誰不是口袋名單一堆呢？

不說陌生客，單說已經成交或正式商談過的客
戶，可能就上百人，若再加上林林總總，可能是社團
裡交換的名片，或者朋友介紹的朋友……等等，這些
資料都被輸入你的手機通訊錄裡，若不善加管理，久
而久之，就會變成一種困擾。

舉個例子，假定今天我們通訊錄裡有上千筆電話
資料（事實上，以我本身來說，手機通訊錄裡就有超
過四千個名單）。

再假定，今天剛好政府發布一個財經相關的訊

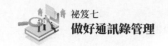
息，可能是利率調整等等的，於是一天內，很多朋友都想詢問相關的資訊，而恰好你是他們認識的專家，於是幾小時裡，你不斷接到電話。如果初始你就沒做好電話管理，那就會出現以下兩種狀況：

● 來電了，你根本不知道對方是誰，也無法掌控對話的用語是該禮貌還是熱情？或者你有做過簡單的管理，至少知道打來的是李某某先生，但你實在認識太多人了，一邊講電話你還是想不起來對方長怎樣？在哪認識的？談起話來過程有些尷尬。

● 一天內打來數十通電話（因為都想問那個政府發布的訊息），結果整天你什麼事都不用做了。光接電話，以及浪費在回答以及客套上的時間，轉眼天黑，手機都快沒電了，一天沒做成任何生意，還感到身心俱疲。

或許有人說，這是極端狀況。然而，可以肯定的一件事，一個千萬業務，絕對會是通訊錄名單滿滿的人，不可能有人只認識不到一百個人，就能成交到讓自己有千萬身價業績的生意。

終究，我們還是要做好通訊錄管理。以我來說，我可以在來電時，光看一下螢幕，立刻判定以下兩大資訊：

● **這是否是重要客戶？**

我的通訊錄上，都有標示相關註記。來電時都會顯示，依每個產業，可能註記方式不同。以我在遠雄買賣房屋來說，由於是高單價物品，我會依對方財力以及購買意願做一定的註記。

● **是否是重要的事情？**

知道對方身分，就可以聯想到對方是什麼事。如果是平常很少打來的家人，可能是突然有急事。如果是之前不在通訊錄名單上的新號碼，有可能是透過客戶介紹全新的商機，但也可能是純粹的廣告行銷電話。如果是原本通訊上名單客戶打來，也可以依照註記，初步判定是什麼事。

必須做這樣判定的原因，以我來說，每天都有滿滿行程，可能正在和客戶談生意中，除非很緊急電話，否則就暫時不接。或者有時候，是重要客戶打來，但我若發現自己尚未準備好相關資料，那就會趕

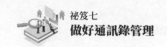

快先整理好資料再回電。

　　基本上，對方不會因為你沒接電話就不高興，大家都知道我們是業務員，可能正在會議中不便講電話，於是我們就可以讓電話響過後，之後再來重新整理資訊，判定哪些電話要回，哪些電話不必回，對方若有重要事情，自然會再來電。

　　一個不能做好基礎通訊錄管理的人，就等同把自己的時間全然交給外人主宰，任何人都可以靠一通電話，剝奪你的時間。

製作清楚明瞭的通訊錄

　　通訊錄如何管理？其實沒有一個共通的標準，畢竟每個人所處的產業不同，個人的生意模式及與人交談習慣也不同。

　　然而通訊錄管理有以下兩個共通的重點：

　　● 重點 1：必須讓自己一目了然

　　以我的手機管理來說，能夠做到看一眼，就可以知道很多資訊。

請注意，我說的是看「一眼」。如果有人看到來電，要點選翻閱個人資訊說明，上面條列某某人是哪家公司董事長、是老闆的好朋友、生日在四月中、家中有兩個讀中學的孩子、喜歡喝酒等等。那已經不算一目了然。當然，在每個通訊錄上都可以進階做這些個人資料管理。但我說的一目了然，是指在來電時，就刻意在對方顯示名稱上，透過相關註記，讓自己可以看到很多資訊。

● **重點2：必須方便管理**

就好比一間圖書館，如果上萬本書，都是依照書籍買入的時間順序放置，而沒有分類標準，那是最糟糕的管理，任何人要去圖書館借書，都只能從上萬本書中，一本一本找。同樣地，我們的通訊錄，如果不管理，假定後來累積上千筆資料，好比說你今天想打電話給一個客戶，就必須一筆一筆找。或者有人會說，手機會依照姓氏排比啊！但假定你忘記那個客戶是姓李還是姓王呢？那就必須花更多時間去搜尋才找得到。

因此，做好管理，依照前面兩個重點，可以簡單

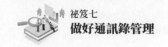
歸納出通訊錄管理必須：

第一，建立一個可以識別的代稱。

第二，做好不同檔夾的歸類。

這也是我的通訊錄管理方法，透過這樣的方式，我不但可以第一時間，掌握客戶來電或我的去電效率，並且還可以統整自己的業績，好比說，我的通訊錄有依照客戶等級分大範圍分類為 ABC 等等，當 A、B 級客戶很少，C 級客戶較多，我就知道要設法轉換 C 級客戶為更高消費等級的客戶。

好用的通訊錄管理法大公開

以下是我的通訊錄管理法，如同前述，每個人的情況不同，我所列的方式，僅供參考：

● 圖案管理

千言萬語，其實若化為圖案，可能只需幾個字。例如今天你想約重量級客戶吃飯，基於平常的資料蒐集，你手機裡的確有好多餐廳名單，但傳統的登記方式，好比說你想找「位在新北市板橋的大餐廳」，某

家餐廳名「心心鐵板料理餐廳」，「心」字四畫，位在通訊錄前，另一家餐廳名「龍鳳鐵板料理餐廳」，「龍」字筆畫很多，在通訊後面。依照筆畫去找，光瀏覽就要花很多時間。但可能光一個圖案就可以簡單代表一整個餐廳群。

　　但若採取圖案管理。首先，所有餐廳類別的，統一前面放個「叉子」圖案。如此，我只要搜尋「叉子」，所有我通訊錄中的餐廳資料就出現，接著再搭配其他符號，例如依照地區別、依照餐飲類別等，就可以更快找到資料。

　　在我的圖案管理中，區分私人生活及事業的。事業包括客戶、同事、重要支援廠商等；私人生活包含親友電話，以及吃喝玩樂及生活機能如藥房、安親班等等。這兩類不會混在一起，因為一開頭，就已經用圖案區隔。

　　我在房地產交易客戶分類上，已經跟我買過房子的客戶，前面會放個「蘋果」圖案，正在現在進行式的客戶，前面換個「魚」的圖案。以我每天業務開發來說，最緊急要聯絡的，一定都是前頭有「魚」圖案

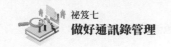

的客戶，如此，可以快速打開通訊錄，就一目了然我現在正有幾條「魚」，也就是幾個進行中的客戶。

通訊錄是可以管理的，一個圖案為「魚」的客戶，一旦成交了，只要打開手機修改通訊錄設定，就可以把「魚」改為「蘋果」。

● 英文字母管理

會採用英文字母管理，不是因為這是國際化語言，而是因為方便。畢竟，英文就只有 26 個字母，不像中文，若依筆畫順序，可以好幾百個不同開頭的字，搜尋困難。

以英文符號，也可以快速定位一個意思。例如在多數人心目中，「A」都代表頂級的意思，同理，在我的通訊裡，可以針對這類客戶，標示個「A」。當有 A 級客戶來電，再怎麼忙，也要撥空接那通電話。

至於其他的標示（同樣僅供參考）如下：

● M：在我通訊錄中，「M」就是代表「Money」的意思。由於我原本是從事房地產銷售，因此「有錢」這個條件很重要，若有客戶尚未成交，但本身是億萬富翁，我會在通訊錄上作此

註記。不是見錢眼開，而是因為針對不同等級的客戶，介紹的物件類別也會不同。

● N：這裡的「N」，不是取字母縮寫的意思，而是比「M」再少一個峰的概念。以房地產銷售來說，頂級客戶是財力雄厚的「M」，但即便少一個峰，也依然是收入不錯的高資產一族，對方可能是律師、會計師或科技電子新貴，資產不是好幾十億那種等級，但也至少有數千萬元以上財富，可能是中小企業主等等。都是有實力購買房地產的準客戶。

● W：以字母意向來看，「W」可看成是「M」的相反。不過在我通訊錄中，「W」不一定是指口袋沒錢的人，而是單純指「現在不需要」。例如某人很想買房子，但後來發現區域不是他要的，或價位和他設定的差很多等等。簡單說，就是對方不考慮我銷售的物件。雖然如此，這類名單也不會刪掉，畢竟，緣分難料，搞不好未來某個案件就有可能符合他需要，或者資源整合，好比說某個「W」級客戶

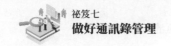
家中開藥房，哪天剛好有客戶提到藥房相關事務，就可以產生連結。此外，也有可能分享給開拓不同市場族群的夥伴，總之，就列入通訊資料庫中管理。

● Z：位在英文 26 字母的最末一個，在我通訊錄中，「Z」指的就是拒絕往來戶。不一定是指最沒錢的，而是指被列為不歡迎名單，也就是傳統術語講的「奧客」，可能不懂行情又只想殺價，或者交易不誠信，開空頭支票等等。那如果不喜歡這個人，為何不直接從通訊錄刪除？那是因為，身為一個業務，會認識成千上萬人，可能隔個兩三年，不小心又遇到這個人，若當初刪除資料，可能就忘了當初的教訓。但如今通訊錄仍找得到，一看是「Z」，那我才會自我警覺。

● L：就是「Long-term（長期）」的意思，這是指需要比較長期經營的客戶，也就是說，基於某種原因，對方並非沒意願要買，只是短期內不會下決定。好比說，他可能喜歡某個地

區，但覺現階段該地區尚未發展，可能再等個
三、五年再進場。或者有人覺得這類建案他喜
歡，可是還是要徵求孩子的意見，而孩子可能
半年後才回國等等，也曾碰到想買但手頭預算
暫時不夠，可是等年終獎金領完就有機會。
這類總之可能三個月半年期間內不會決定，要
花時間經營的就是「L」。比較上，前面提的
「W」級客戶是根本不考慮要買，相對來說，
這裡的「L」級客戶就比較是有意願要買只是
需要一些時間等待，這種客戶，需要保持聯
繫，但不需太緊迫盯人，例如大約一個月偶爾
問候一下就可。

●D：這裡是指「I don't know」的意思，就是
我不知道這個客戶的狀況，無法判定是屬於會
買還是不買，因為看似想買又看似沒意願，我
也不知道他的財力，無法立即歸類是哪一級。
當然這類型的客戶，並非拒絕往來戶，也尚未
定義是長期客戶，總之，就是依然要花時間去
經營。等後續蒐集更多資訊後，就可以做更精

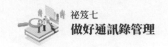

密的分類。

🏠 通訊錄管理就是完好的人脈管理 🏠

善用通訊錄管理，不只是接電話或找客戶時，能
有效率地判別，並且實際業務拓展上，也能真正成為
很好的輔助工具。好的通訊錄，隨時可以被派上用
場，一打開螢幕，就帶來協助。

● 方便見機行事

舉例來說，今天我和內湖區的客戶有約要介紹商
品，結果行前一小時，客戶突然來電說有急事，暫時
取消見面。但一方面我已經準備出發往內湖，二方面
原本為了業務效率，我後續也在內湖約了其他客戶。

那這時的空檔怎麼辦？很簡單，拿出手機，點開
通訊錄，我已經依照地區分類了。因此我可以先搜尋
關鍵字「內湖」，就會出現內湖地區的客戶清單。包
括原本就有交易互動的老客戶，我去見見他，也許送
杯咖啡，讓對方有個驚喜。

或者跟客戶見面，兩人相談甚歡，對方提議晚上

一起吃個熱炒吧！但這時間怎知哪裡有熱炒呢？當眾人手忙腳亂上網查詢時，你卻可以輕鬆拿起手機查一下通訊錄，一分鐘內就告知客戶：「在大直那邊有間不錯的熱炒店，我去吃過很不錯，若可以我現在就打電話先預約吧！電話我手機有記錄了。」這不是很讓客戶刮目相看嗎？

● **養魚理論**

通訊錄管理，還有一個長遠的好處，那就是「把商機先保存在手機裡」。假定我們沒有通訊錄管理，可能今天我們去拜訪一個客戶，知曉他們公司目前沒有預算，但年底可以規劃明年的，現在是一月，距年底還早，於是你把這件事記在筆記本上。然而實務上，時間久遠，諸事紛忙，可能到時候根本就忘了這件事。或者翻開筆記本，上面記錄某家公司，但東找西找就是找不到當時的名片。

然而，透過通訊錄管理，以代碼列為重要留意客戶。也在通訊錄的備忘錄做相關註記。到了大約差不多的時間，你就可以一通電話過去：「張董好久不見，記得嗎？我是今年初有去拜訪你的某某某，想和

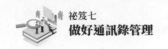
你約時間見面談談上次討論的計畫。」

簡單來說，各種「將來可能是客戶，但現在暫時還不會交易的朋友」，或者「先建立朋友關係，等彼此熟絡了，就有可能成交」，這類型的資源，雖不是現代進行式，但封存在手機裡的資料，就是寶藏。以魚來做比喻，手機就是那個魚池，小魚養成大魚，就可以豐收。

● *20/80 理論*

通訊錄管理還可以區隔重要與次要。廣義來看，任何人都可以成為我的客戶，就以我手機裡四千多筆資料，人人也都可能跟我買房子。但畢竟實務上，有著機率問題，我要緊抓著的，還是那 20% 最可能跟我買單的人，然而其他 80% 也不能放棄。

於是，透過通訊錄管理，至少我可以隨時採取主動，立刻打開 20% 的資料，這讓我們生意成交更有效率。

掌握通訊錄，看似不重要的小事，卻也是通往千萬業務之路的一大重要環節。

最後，很重要的一點，記得要做好雲端管理，通

訊錄資料做好上傳雲端，否則，哪天不小心手機遺失或損害，客戶資料都找不到了，那可是噩夢般的災難。

成功心法：
管理好通訊錄，
你的魚池就會愈來愈大。

祕笈八：
創新開發客戶模式

" 其實只要多用心，建立自己的特色，讓自己有
別於其他競爭者，這就是最簡單的創新。 "

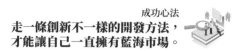

　　所有市場都是植基於供需法則，銷售賺的是價差。所謂「價差」的前提，當需求面強勁，供應商就站在優勢，可以把報價提高；反之，需求低，供應商就只能調降價格，直到需求方可以接受。

　　然而對業務銷售來說，碰到的兩難是：當一個市場需求夠多，可以撐住一定的價格，卻也讓他同時得面對眾多競爭者。若市場需求不多，競爭者自然變少，可是既然需求不多，生意也就難做。

　　這是所有千萬業務必須面對的課題，一旦突破了，就可以打造一個新境界。該如何從「競爭者眾」以及「需求少」這兩大關卡夾縫中，突圍創造新境呢？既然說「創造新境」，那答案自然就在「創」這個字。

　　其實人生任何領域的成績都是如此，只要開創出新的方法、新的技術、新的解釋，就可以大幅翻轉原本落後的局面。

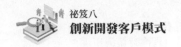

🏠 建立自己的獨家特色 🏠

創新，就是想出過往沒有人想到的方法。以我們遠雄的建案來說，是屬於比較高檔，經常也被歸類為豪宅的物件。以前我就在思考，像豪宅這樣的物件，可以跟什麼族群聯想在一起呢？答案是企業主以及三師：也就是醫師、會計師、律師。

這些族群在哪呢？雖然散布在各城市鄉鎮，所幸，許多行業都有所謂的職業工會。

我當時就透過公會或工會協會等去找名單，找到一個牙醫師公會，然後就和公司建議舉辦一個主題餐會，邀請的都是牙醫師。

當牙醫師們收到遠雄的邀情函，上面我們用 VIP 尊榮感的詞語讓收信人感到榮耀，一方面他們感受到自己被當成是貴賓，二方面他們本身也可以透過這樣集會，和其他同業相聚。

於是活動成功舉辦。也成交了好幾戶房子。

經驗裡，幾乎只要想到好的創新，就代表新的業

績。那麼創新如何誕生呢？

關於創新，人們第一個想到的就是行銷公司常做的腦力激盪、或者科學實驗室要做的研究發明，總之就是要絞盡腦汁，去開發一個新東西的意思。

發明雖然很重要，但這裡說的創新，當然不是指科學上的創新。落實在我們的生活中，**其實只要多用心，建立自己的特色，讓自己有別於其他競爭者，這就是最簡單的創新**。

舉兩個生活中常見的例子。

以市場需求來說，這世界上什麼商品的需求最高？無論景氣好壞，或者流行趨勢怎麼改變都不受影響？答案是「餐飲」。

再怎麼不景氣，人們還是要吃飯，不管大環境流行什麼？都不影響傳統的麵飯小吃，永遠有需求。也因此，餐飲市場需求龐大，但同時也競爭非常激烈。像臺灣號稱「美食天堂」，但商業上的現實，也許就在我們自己住家附近就可以發現，同一條街，怎麼半年前剛風風光光開幕的那家料理店，曾幾何時竟悄悄收攤了？或者走在路上覺得怪怪的，原來原本這邊的

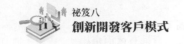

中餐店不見了。甚至身邊周遭或多或少也有這樣的例子，某某朋友投資開了家餐廳，當時還大張旗鼓說要邀請眾好友來品嘗，怎麼過了一段時間沒消息了？原來餐廳經營一年不堪虧損，已經收起來不做了。

想想，那些所謂老字號的餐廳，是怎麼存活的？這無關價位，有的餐廳標榜一客台幣兩、三千元，依然訂位額滿，要提前一個月才訂定到。有的就算小眾價位，一碗台幣 80 元，生意還是做不下去。這也無關裝潢、無關行銷噱頭、甚至無關所謂服務態度，因為這些雖然重要，但既然已是餐飲業標準配備，所以也不算特色。

說到底，餐飲業存活的關鍵是什麼呢？

那個關鍵，也會是千萬業務要了解的關鍵。

第二個例子，也是人人有需求，但競爭非常激烈的，那就是「保險」。

保險是個很特別的行業，早些年的時候，人們普遍不懂什麼叫保險，因此從業人員推展業務很困難，也造就保險銷售員被稱為是業務員的典型，因為最早時候，就是保險這行給人家一種「推銷」的印象。

但時移事往，現在局面正好相反，保險是人人熟知的概念，到今天，已經少有人身上沒有至少兩、三張保單，現在的困局卻是競爭者眾，依照壽險公會2019 年的統計，保險從業人員超過 38 萬人。

　　也因此，正所謂「他有賣，她也有賣，大家賣的商品都一樣，你憑什麼要我一定跟你買？」

　　所以答案，就在這六個字裡：「憑什麼跟你買？」

　　如果大家都一樣，為何跟你買？這答案不能自己說，而是必須由需求方認可。就好比餐飲業，人人都說自己好吃，但買單的人不認可，最終店就要倒。因此，以餐飲業來說，就是**每家存活的店，都必須抓住一個被客戶認可的優點，這個優點簡單來說就是「獨家」，這也就是最基本的創新。**

＊我的牛肉麵，是祖先傳下來的獨家配方，搭配
　特製醬料，味道別無分號。

＊方圓幾條街裡，就只有我們家賣日本料理，所
　以永遠門庭若市。

這些獨家，有的基礎薄弱，如果一旦獨家被打破

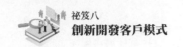
了，就有危機。好比方圓幾條街內只有你一家日本料理，可是如果出現第二家，我們經營就會亮紅燈。店裡的服務小姐有魅力，但賣的吃食很普通沒特色，終究人會厭倦，那也無法持久。

什麼才是真正長久的獨家？

第一，是原本的獨特性，真的很強，難有競爭者，例如獨家的口味。

第二，就是不斷求新求變，不管是改變菜單或結合新的行銷特惠，總之讓客戶感到新鮮，或至少感受到你的誠意。

就連臺灣最知名的國際美食鼎泰豐餐廳，也會經常性地辦活動，以及推出不同的行銷策略。這樣才能存活久久。

基本上，簡單的創新，人人都可以做。甚至對業務人員來說，你一定得做。

因此，再回頭想想：什麼是你的獨家？

以賣保險來說，你一定要回答，人們為何要跟你買的理由？包括妳覺得妳特別美，甚至也可以自嘲特別胖，都算特色，只要客戶認同，就是獨家。

然而，就算擁有特色，也只是基本功。有了基本
功，可以站在這基礎上步步高升，但若要邁向千萬業
務境界，還需要更高檔次的創新。

突破舊有業務模式

我最早從事的是房屋銷售市場，房屋買賣，也是
典型的業務代表行業之一，雖然以從業人口數來說，
遠少於保險業，但全國的仲介也有約五萬人。但房屋
不比保險，畢竟，一個人可能擁有好幾張保單，但有
能力買房子的人，卻相對少數。

因此房屋買賣產業，也是競爭大，銷售辛苦。若
沒找到銷售方法，那很多房仲的年收入，是比不上一
般上班族的，日子過得一般般。

當年我初加入房屋銷售市場才 20 多歲，但因為
工作認真，肯做肯學，打拚出自己一片天，後來有機
會進入遠雄集團，第一年就成為銷售新人王，之後更
是在第三年就取得全國銷售冠軍。

勝出的關鍵在於什麼呢？

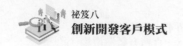

我發現：勤勞、誠信、專業，這些都很重要，但也必須說，這些都是基本功，是任何業務都必須具備的，不算特色。真的讓我從一個新人脫穎而出的關鍵，就是創新。

以當年遠雄一個建案銷售為例，傳統以來，我們的業務做法，就是新案透過宣傳後，在建案的預售屋裡等人上門來。

然而，我在那時就想到一個過往沒人投入的做法：我主動去拜訪社區。

拜訪社區？一開始同事們也覺得很奇怪。我們又不是開餐廳，需要周邊人來消費，賣房子耶！幹嘛去拜訪已經有房子住的鄰居？

但事實證明，我的方法是有效的。我主動去連絡周邊社區，在社區公佈欄上張貼活動，告知附近有個歐洲村社區。我甚至提案舉辦了餐會，邀請左鄰右舍，不同社區的住戶來參加活動，順便欣賞我們的建案。

一個餐會辦下來，真的就有四戶人家簽約。他們

原本可能是在社區租屋，後來想到可以擁有自己的房子，或者自家雖有房子，但想替兒子購屋，因為如果這樣，那兒子就可以就近住在家附近。

總之，這個當時的創新策略。現在幾乎已經變成通則了。如今我們遠雄集團，每有新的建案，新屋開幕式，都會舉辦餐會，以敦親睦鄰的形式，邀約附近住戶來共樂。

原先以為必須守株待兔的守候樣品屋銷售模式，因為創新思維而被打破，帶來一波原本沒預料到的潛在客戶群，也讓我業績大幅成長領先。

還有什麼事是過往習以為常，但如果用點心動動腦，就可以打破慣例，再創新局呢？處在各行各業的人們，可以自己朝這方面去思考。

只要能打造創新模式，業務從原本大家公式化的銷售局面，突然出現一條新路。而身為提出創新想法的人，自然也會是最早從這樣模式中獲利的人。

同理，不論處在各行各業。不論開店做生意，或者擔任業務銷售商品，包括上班族也是一樣。例如，

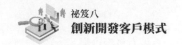
在大家都日復一日工作的時候，你針對公司的商品想出新的提案，或針對公司管理提出建言。**先不說你的建言是否最終能帶來公司契機，單就你的態度，老闆們都一定欣賞主動積極願意提想法的人，那麼，你在職場上的地位，也就會更加穩固。**

打造藍海市場

以前面舉的案例來說，都算是體制內的創新。實務上，我們在職涯路上，可以有不同的創新，廣義來說，都是所謂的藍海市場。當在擁擠的路上，只有走不一樣的路，才會跳脫擁擠困局，一個人擁抱眾多需求。包括：

● *打造全新的產業*

例如，你研發出一個市面上沒有的美食，或獨家專利開發出一個新商品。

包括因為地理差距，可能在歐美國家很流行的某個商品，臺灣尚未出現。只要你是第一個推出的，那就算擁抱藍海市場。

當然，全新產業有三大困局：

＊困局1、曲高和寡：最典型的例子，臺灣所謂
文創產業已經流行好幾年了，年年都有眾多新
的特色商品出現，但後來成功打入大眾市場的
並不多，就算是一個自己覺得很酷的發明，若
沒有消費者想買單，那也是無效的商品。

＊困局2、時代不對：如今大家都高喊大數據時
代、雲端科技等等。但其實，很多周邊的技
術，早就出現了，只是因為不能和大環境配
合，所以就算發明出來也沒用。就好比十多年
前，有商家就開始建構網路商城，在網路觀念
尚未普及的年代，一堆網路新創事業後來都成
泡沫。如果再晚個幾年，則又變成趨勢商品。

＊困局3、跟風效應：任何新事業，都只有短暫
蜜月期。原因就在於人類模仿力很強，所以當
有新創意出來時，要趕快打造難以超越的門
檻，以及趕在賞味期內，快速累積基本客戶
群，否則等其他人嗅到商機，跟著你做。原本
的藍海市場，很快又變成紅海市場。

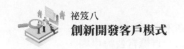

● 在原本產業，開發新的藍海

在行銷界最典型的例子，就是改變商品定義，創造億萬商機。從前口香糖只是一種社交用的口氣清香品，但當時一個廣告，把口香糖重新定位為一種個性象徵，一種自我宣示的代表，於是帶來新的暢銷。

其實很多我們熟知的商品，最早的定位都跟現在不一樣。例如可口可樂，最早其實是一種藥品的概念；電腦，最初是軍方用途。而在臺灣鄉下地方，許多原本的農業工具，因為時代演變，早就被淘汰了，但後來卻因為重新被包裝為文創復古，於是又流行了起來。改變定義，就能創造新的藍海。

● 從原有產業內，發產出新模式

前面舉的幾個藍海例子，都只是觀念分享。但如何成為千萬業務，重點還是在自己的工作領域內，找出新的契機。所謂新契機，就是沒有前例可行，好比當初我想到要去周邊社區開發市場。

如果現在的你，每月業績只有兩三萬，要想突破，該怎麼辦呢？別以為關在室內閉門造車，就可以想出創意。其實所謂的創新，很少是什麼「靈光一

閃」，或天外飛來一筆像被上帝的雷打到一樣。真正
的創新，絕對還是植基於用心以及學習。這裡有二個
重點：

   ＊重點1：必須真正去觀察了解，客戶的需求是
     什麼。分析市場上消費族群比例。好比說，我
     的市場最大消費族群是高資產者，那怎樣去多
     多接觸高資產者？或者反向思維，我的市場現
     在主力是中壯年人，但有沒有辦法去開發年輕
     人族群市場呢？

   ＊重點2：必須足夠的學習打底。平日就必須廣
     泛吸收資訊，這樣才會有夢想的養分。否則，
     原本就空空的腦袋，再怎麼發想創意，也跳不
     出既有的狹隘格局。

    而不論採取什麼方法，「祕笈八」最終要強調
的，就是你一定要動腦。就算是你覺得目前業績不錯
了，也要經常去想如何讓業績更好，或者至少要居安
思危，去想想，為避免被後來者追上，你要如何拓展
新商機。

    但如果尚未想到創新開發客戶的方法，也切記，

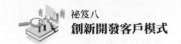
不要讓自己習慣於因循苟且,當想不出東西來時,就多逛逛書店,也許看到其他產業的新聞,會觸發你新的聯想,最終可落實在你的開發客戶模式上。

多思考,就能多創新;有了創新,你就可能朝千萬業務之路再邁進一步。

成功心法:
走一條創新不一樣的開發方法,
才能讓自己一直擁有藍海市場。

notes

祕笈九：
成功者找方法

" 世界上沒有不可能的事，

一切就看你有沒有「心」。 **"**

　　獲致成功一定有難度，這是每個追求成功者應該有的基本理解。就以從 0 到千萬為例，如果某個人銜著金湯匙出生，背後是家財萬貫的家族，他個人可能今天一口氣把身上及戶頭裡所有錢都花光了整個歸零，那他明天想成為千萬富翁怎麼做呢？就請爸爸明天再匯一千萬元到他的戶頭就好了。以結果來說，他再次從 0 元變成擁有千萬了，但那算是「成功」嗎？

　　因此，成功必然是包含一定程度的挑戰、甚至必須經歷重重難關、種種險阻，必須經過非常努力爭取才能得到。包括業務員要賺到豐厚業績報酬、男生要追到心儀的女子、運動員要取得比賽總冠軍等等。相信如果連一場比賽都不用參加，主辦單位就直接奉送一個冠軍獎盃給某個運動員，那樣的冠軍對該運動員來說一點意義也沒有。

　　以上道理大家都懂，但為何現實情況，當人們碰到困難，或者銷售商品被拒絕，卻反倒變得退縮，甚至哀聲嘆氣選擇放棄呢？那就是根本不想追求成功而只想不勞而獲，或者忘了初衷，不曉得自己想要追求的是怎樣的成功？

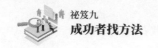
**　　無論如何，要成功一定要找方法，甚至愈大的挑戰，當得到收穫，那種成就感愈大。**

🏠 成功總有好方法 🏠

　　歷史證明，成功一定有方法，包含史上許多的以小博大，或者化不可能為可能的案例，最初也都是在困難重重資源有限的情況下，終究還是做到了。有者靠創意奇襲、有者靠運籌帷幄、甚至有者靠耐打耐纏，例如 19 世紀，打遍天下無敵手不可一世的拿破崙，帶著龐大軍隊攻打俄國，在戰場上俄軍雖戰力遠遜法國，但靠著打不退的毅力，硬是把拿破崙軍纏住，等到冰天雪地的冬季降臨，終於讓拿破崙吃了大大的敗戰。

　　要成就一件事，一定有方法，對想追求成功的人來說，面前其實就只有兩個選項：一個是成功，一個是放棄。如果想成功，就是「無論如何」也要達到目標，這件事「沒得商量」。

就舉我當年進入遠雄集團為例，那時是 2010 年我已經在房屋代銷公司累積了一定的建案銷售經歷，在我眼中，遠雄建設是我心目中最理想的職涯歸宿，我非常想要轉換跑道到遠雄，並且，這決心非常強烈，已經成為我「非達到不可」的強烈心願。

這件事容易嗎？非常難。畢竟，不是我們想去哪家公司就可以去哪家公司，好比說一個人很想進台積電上班，他就可以進去嗎？同樣的道理，當時的我，一來沒有亮眼的文憑，二來也沒有建設技術背景。如果一個人不是心中像我一樣，內心擁有著熊熊燃燒的企圖心，可能根本還沒嘗試就會放棄了吧！

而我當時就是想盡一切辦法，要讓自己進入遠雄。於是，擬定作戰計畫：

●第一步：傳統方式，寄履歷

那時我一心想進遠雄，我就每天進人力銀行網站填寫履歷寄出，因為我心想：如果寄一次石沉大海，那可能是人資主管沒注意到我，沒關係，我就再寄第二次。反正我就持續每天不斷的寄，就算當時遠雄根本沒公布職缺要找人，再加上那年因遭逢金融海嘯，

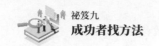
很多職場都寧可遇缺不補。但總之，我不找藉口，就是每天都寄履歷，持續半年以上，希望有一天遠雄主管會注意到這個「經常寄履歷的邢先生」。

●第二步：積極主動，打電話

為了進入遠雄，我不只寄履歷，還直接打電話給人資部門。雖然，以我當時的背景是無法打給主管，而且接電話的只是承辦人員，但我還是很有耐心，大約每隔兩周就打一次電話，打到後來承辦人員都認識我了。

●第三步：寄掛號信給高階主管

當我發現第一及第二步仍然無法幫我敲開遠雄大門，因此後來我主動寫推薦信給高階主管。但該找哪位主管，才不會讓我的推薦信石沈大海呢？我透過上網去找尋遠雄相關的新聞，看到某一個專案副總，他曾接受採訪，大談建設願景，我認為他是我值得效法的對象。因此我就寫了一封文情並茂的自我推薦信，用傳統的信紙一個字一個字書寫（而非 E-mail 電子郵件或是 Line 等即時通訊軟體），信封寫上那位副總的名字，直接用掛號寄到遠雄總公司。後來，我想

遠雄真的也被我感動了，直接通知我去面試。

　　皇天不負苦心人，我試了多種方法，永不放棄，終於成功了。最後，我也如願成為遠雄人。我想，當時高階主管們，就算看不到我的能力，也肯定看到我那永不放棄的企圖心。

　　有了這樣積極主動爭取成功的經驗，日後，我在業務戰場上，不論碰到任何困難，包含碰到很難成交的客戶、高難度的業績目標，或者協助同仁排除工作推展上的瓶頸，我都是秉持著：「凡事找方法」的信念，也因此能長年成為業務銷售冠軍。

🏠 沒有藉口不成功 🏠

　　時常我們看到成功的案例，都是一些比較極端的狀況，正因為對比很強烈，更凸顯出「如果連他都可以成功，你又為何有藉口不成功？」

　　一個典型的例子，就是力克‧胡哲（Nick Vujicic）先生，被稱作「沒有四肢的生命鬥士」，

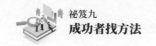
他一出生就沒有四肢。如果說，若一個人有單手或單腿殘廢，生活就已經非常不方便了，更何況像他這般四肢皆無，甚至連像口足畫家般用腳取代雙手做事都沒辦法做到。

但天生條件那麼不好的力克・胡哲，卻沒有放棄他的人生，反而化不可能為可能，成就很多的事。在大學時代就取得雙學士學位的他，擁有自己成功的事業 —— 出版書籍並一年到頭在世界各國巡迴演講，感動千萬人；私生活中的他，也能娶妻生子，並且還能從事連正常人都不一定做得到的事，好比游泳，以及海邊衝浪活動等等。

力克・胡哲用他自己的實例，讓世界上所有開口閉口就說「不可能」的人再難找藉口為自己的失敗開脫。

世界上的確沒有不可能的事，一切就看你有沒有「心」。

然而，以業務面來看，就如同本書第一個祕笈談的「找師父」般。特別是帶領團隊時，除了確認每個人有心要追求成功外，主管的輔導也很重要。

　　成功要找方法，但主管可以協助。在祕笈六談「複製」時，曾提到以我帶領的團隊來說，我會要我們的同仁學會成功五大關鍵，這裡也再進階補充說明：

●關鍵 1：一個市場定位

　　這是以我們遠雄銷售團隊為例，相信各個產業不同的企業也都有各自的核心理念，以及信念、價值或者商品銷售基礎準則等等。簡言之，對團隊成員來說是大家都必須牢牢記住，甚至已經化為業務魂的一部分，也就是身為該企業員工必須要具備的東西。這個基本功，就好比武俠小說裡那些高手們，各種武功招式是其次，最重要的還是要有充足內力。對業務新人來說，初進一家企業，基本功夫就是要把這個核心市場定位記熟。

●關鍵 2：二個公版

　　這也是以我的遠雄保險銷售團隊為例，但我相信各產業的業務也都適用。以保險銷售為例，保險商品何止百種，傳統觀念裡，會鼓勵人們 18 般武藝樣樣精通，公司的所有產品都要背得滾瓜爛熟。而我寧願

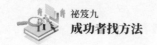
強調的是「聚焦」，就只挑出兩樣主力商品，並製作出最完整精確的針對該商品的整體介紹，要求同仁們就把這兩個公版內容都完全熟記。

以武俠來比喻，就好比一個人可能自家武庫裡放著上百種兵器，每當出戰前都要挑個老半天，結果往往耽誤了時機；等選好武器想出戰，外頭戰場可能勝負早已決定。還不如就把一、兩項專長練得很爐火純青，例如我就是會一陽指，或者像《笑傲江湖》裡的令狐沖單靠獨孤九劍就萬夫莫敵。

我們強調的是簡單東西重複做，重複到精。想想，劍為何可以傷人？就因為有劍尖及薄利的刀鋒，聚焦，才能做到頂「尖」。

●關鍵3：下市場

三是指「鐵三角」，四是指「下市場」，五則是「五電十訪」。其中三和五在前面其他祕笈中已介紹過，這裡補充介紹第四點「下市場」。

成功需要方法，但如果人人都靠著摸索，雖然只要堅持不懈，最終一定會成功，但終究會耗時費日。因此在我們團隊，很重視做到「見習陪同」。「下市

場」，就是當新人剛入門、什麼都還不太會時，沒關係，身為主管的我們，會有至少三個月時間，緊密帶領新人第一線接觸市場。

所謂「見習」，就是讓新人跟著我去跑客戶，直接觀摩見習我是怎麼做的，學習我的說話方式，以及如何應對進退。所謂「陪同」，則是新人自己從客戶名單找出想要拜訪的對象，我則是陪他分析討論對方的需求，之後並親自帶領他去拜訪客戶；初次由我出面談，後續新人要保持追蹤，談成了業績仍是歸新人的。

所以，成功者找方法，包括跟主管學習，也是一種方法，並且是很有效率的方法。但前提依然是人助自助，主管比較想幫助有心上進的新人，身為新人，你必須用行動向主管證明，你就是他值得花功夫培訓的人。

肯堅持，成功就是你的

關於成功這條路，必須要說的是，通往成功這條

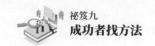

祕笈九
成功者找方法

路並不會擁擠，因為肯堅持跑到終點的人並不多。以
業務銷售來說，可以用跑馬拉松來比喻，初始在起跑
線上，看似有很多人都有著滿腔熱情，但愈到後面經
得起考驗的人愈少，過程中許多參賽者一個個放棄，
也就是那些原本想挑戰高收入生活的，後來許多又退
回到收入較低的上班族生活。

可以想想，什麼是那些馬拉松賽跑者堅持跑到終
點者所具備的特質呢？用心列舉的話，也可以條列出
許多，諸如具備足夠的肌耐力、過往的勤跑練習、懂
得呼吸吐息技巧等等，但若真正從所有完賽者中，歸
納出一個關鍵特色，那就是：強烈的使命感。

相信當一個人，若具備著強烈的使命感，那麼成
功的機率就超過一半，接下來就只是設法去找資源、
找方法。

以下是一個業務培訓界也常做為範例的故事：

曾經有一個年輕人，他真的很渴望成功，為此，
他到處去尋找成功的典範，找到了一位業績銷售大
師。儘管大師很忙，但最終被這年輕人感動，同意教

導年輕人成功的祕笈。

他要年輕人第二天深夜，去海邊和他會合。那時是凌晨三點，黑漆漆的海邊看不到其他人，年輕人抱著半信半疑心態來到海邊，看到大師真的已經穿著泳衣站在深及腰部的海水中，他鬆了一口氣，也往海邊走去。

年輕人覺得很奇怪，大師看到他來了，並沒有上岸來迎接，反倒要他再往前進，年輕人走進海裡，大師要他繼續前進，最後來到大師身旁，年輕人正要開口問為什麼要叫他深夜來這裡？說時遲那時快，大師瞬間把年輕人的頭壓到海中，年輕人嚇得拚命掙扎，但大師不理他，依然把他壓在海水中，直到年輕人幾乎快斷氣了，大師才把他抬起來，並扶著被嗆到猛咳的年輕人上岸。

當年輕人正要問大師為何要謀害他，大師反問年輕人：「你剛在水中的感覺如何？」「什麼感覺如何？我快沒命了，拚命要呼吸啊！」

最終大師冷靜地跟年輕人說：「如果你哪一天，想要追求成功的企圖心就跟你溺水時想呼吸一樣強

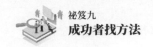

烈，那要你不成功也難。」

　　這故事雖然有些極端，但道理卻很明確：當你很想成功，你不會找任何藉口，如同溺水的人，拚命地把握「任何可能」，讓自己浮出水面呼吸空氣。想追求業績成功，或者任何領域的成功，也是如此。

　　今天，當一個人還有精力找藉口抱怨成功太難，那代表著他實在「沒那麼想」成功。

　　放棄抱怨吧！想成功，就一定找得到方法讓自己成功。

成功心法：
成功者善於找方法，
失敗者善於找理由。

notes

祕笈十：

看人看優點，廣結善緣

" 當你願意看人看優點，可能一下子發現，
原來身邊都是資源，都是你的助力。 **"**

談起業務工作，許多時候，人們總會聯想到「汲汲營營」，或非常「金錢」導向的人。但其實，一個真正的業務，應該是通達事理，有著比一般人更廣闊的胸襟與智慧。原因無他，資深業務，一定經歷過許多事物，所謂歷經滄桑，交往眾多。常與人交談，就必然增長見聞；常經歷挫折，就必然累積經驗。

　　身為成功的業務，必須具備一種做人處事的智慧，那就是拋開偏見，用更包容的心去看待世界。事實證明，當人們願意讓自己視野更遼闊，生意機會肯定更多。

　　我喜歡跟我的團隊分享「海納百川」的道理。海洋是陸地上所有水流最終的匯聚所，不論是長江、尼羅河、亞馬遜河，或者只是人類排放汙染的溝渠廢水，最後都流入大海。所以大海如此遼闊，即便已接納所有來自陸地的水，卻依然有廣袤的空間可以包容萬事萬物。

　　當我們學習前面幾章的各種祕笈，也累積一定的業務功力。那麼，接下來要想讓自己更上一層樓的重點，就是提升視野格局。

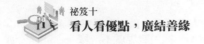

讓自己擁有像大海一般的胸襟，那麼，你會發現，你眼中的客戶市場，也變得像大海一樣有無邊無際商機。

⌂銷售不要預設立場⌂

舉例來說，當你的心中已經預設：我的商品只賣給有錢人。那麼假定今天在賣屋的現場，聽說來了兩組客人，在尚未看到對方時，老闆要你選擇一組。你於是隨機選了一組。結果當看到來者，卻是個穿拖鞋、舊 T 恤的中年人。於是內心湧起一股失望：「什麼嘛！哪有什麼客人？只不過是附近閒著沒事的居民，過來逛樣品屋看新鮮的。真是浪費我時間」

也許你心中這樣想，可是你當然不會真的說出口。你甚至還是會很禮貌地帶對方到處看看。

但不幸地，人與人交流就是有種氣場，那或許來自你的眼神，或許來自於你散發的氣息，總之另一方就是感受得到。

我自己就曾經因為在買屋時，覺得接待人員的眼

神，已經透露出她預設立場覺得我不會買，這個業務
會做這樣的判斷，是植基於她多年的工作經驗，但反
倒這些過往經驗讓她若入一個窠臼，形成一套把自己
封閉住的觀人標準。最終她就因此做不成我的生意。

　　這也是特別要和資深業務分享的。當我們從 0 開
始打拚，逐步累積自己的實力，也要注意不要讓自己
視野變得封閉。例如，可能一直以來，你做高端族群
做得愈來愈得心應手，這是好事，可是卻不要因此就
以為你的世界裡只能有高端族群客戶。畢竟，市場上
有許多的族群，有高端收入族，有退休銀髮族、也會
有中產購屋族、儲蓄小資族等等，並沒有規定，只有
高端收入族才有資格買東西，如果一個業務眼裡，只
鎖定某個族群，卻忽略其他族群，注定業績發展格局
有限。

　　回到前面那個建案現場的案例，當你到場了，看
到來者是個穿拖鞋的中年人。這時候，我們該想什麼
呢？答案是什麼都不該想。不需要去臆測對方是誰，
真正該做到的，是回到初心。

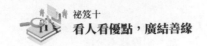

　　我們的初心是什麼呢？不就是賣好的商品給人們嗎？以此為標準，我們的責任就是把產品介紹給別人，但不要預設立場，認為誰才是「正確」的人選。

　　當這樣想的時候，你就自然而然開始介紹物件，甚至你還想像著當對方若有機會買到物件該有多快樂啊！相信你的誠心，對方也會感受到。

　　至於對方穿拖鞋或是穿著很隨意地來逛樣品屋，但你知道嗎？

- 在臺灣就是很多土財主，他們可能原本是勞工階級出身，個性直爽樸拙不擅穿著打扮，但戶頭卻擁有好幾個億。

- 穿拖鞋，可能代表他住在附近，原本就想找房子，今天去附近看自己的田地，回程經過順便進來。他口袋深度，是夠他用現金訂下一棟房子的。

- 也可能他是想幫孩子買屋置產。甚或他搞不好是哪個大企業家的父親，他的子女請他先來逛逛，選到滿意的，企業家會來付錢。

　　總之，不要預設立場，做好服務及銷售的本分。

因為機緣可能就在人們原本認知的「不可能」裡。

🏠 人人都有優點 🏠

面對客戶，不要預設立場。當然，也不是盲目的見人就銷售。我們心中還是要有個預設的目標，或者就如同「祕笈二」強調的，主力還是鎖在有錢人市場，但同時我們缺依然保留「開放」的可能。

比如說，銷售的是嬰幼兒產品，可以設定主力目標是年輕的夫妻；銷售的是豪宅，可以設定的主力目標是企業家及高收入菁英。但同時也保留其他的可能，例如一個老爺爺也可以來參觀嬰幼兒商品，因為他要為孫子挑禮物。年輕人也一樣可以買豪宅，因為他其實是科技新貴。

不要因為預設立場，而斬斷了本來可能成交的商機。

面對客戶如此，其實面對自己團隊更是如此。

業務經常需要團隊行動，以我本身來說，我就非常重視團隊合作，當年在遠雄集團可以銷售成績脫穎

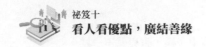

而出的一大關鍵，也就是我善於結合團隊力量，懂得讓利懂得分享。

團隊合作的一個核心觀念，就是誠信。而待人以誠的前提，就是不要對人有「分別心」。否則，一開始你就內心瞧不起某人，或者已經先幫某人貼上負面標籤，那還談什麼誠？談什麼合作呢？

我面對團隊，誠心絕對是百分百，那是因為，在我眼中，每個人都有優點。實際上，這也是我團隊分工的基礎所在，我就是用心找到每個人的優點，然後才能據以結合每個人的長處，發揮分工的魅力。

舉例來說，團隊裡有五個人，代表五種個性，五種優點。我在「祕笈五」談借力時也提過，我們的分工方式，當有客人來看屋時，我們業務人人有不同的個性，同樣的，客戶也有不同類型。例如有講話只講台語的純樸鄉村老農；有大嗓門講話很直的中年壯漢；有和她講話必須非常注重禮節的大家閨秀等等。相信沒有人可以真的對所有類型的人通吃，例如很擅長數字分析的業務，就可能不擅於和感性型客戶交談，也因此，當我可以了解夥伴們的種種優點，也就

可以適時地當接待不同來客時，能找到個性相應的夥
伴支援。

我們如何看人呢？如何看待自己的夥伴？這裡可
以做個小小的試驗，問問自己。如果要你現在描述自
己的團隊夥伴，你會怎麼形容？是負面字眼多，還是
正面字眼多？可能一個人的描述方式是這樣的：

我的夥伴：那個小張啊！做事少根筋、實在讓人
受不了。那個阿美啊！根本就是典型的長舌婦，想
聽八卦找她就對了。老李，就是個悶不吭聲的硬石
頭，拒人於千里之外。更別說小周是什麼都不會的新
人……。

想想，以上是不是你會用來形容自家團隊的方式
呢？然而，換個角度想，如果一個人真的很糟，當初
怎會通過公司的面試？往正面想，他們絕對都有自己
的特長。為何我們不試著去看他們的特長，重新用正
向心態來對他們做描述？

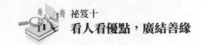

　　我的夥伴啊！各有專長喔！先說小張！真的是天生的樂觀，很少生氣，客戶看到他的笑臉，就算原本有什麼想抱怨的，也都會跟著一笑置之。阿美則是熱情奔放，說真的，在她身旁可以感受到一種能量，她的特質也有助於刺激客戶做下單的決定。老李，整個氣質就是誠信可靠的樣子，我知道許多客戶，就是喜歡看到像他這樣踏實的人為他服務。至於小周，雖然是新人，還有很多待學習的地方，但這就是他可愛的地方，因為一看就知道是新人，反而很多客戶喜歡由他負責。

　　當你願意看人看優點，可能一下子發現：原來身邊都是資源，都是你的助力。

　　本書雖然談的是業務分享，但如果將這樣的道理，廣泛應用在面對客戶、面對夥伴，乃至於面對身邊的每個人。那世界將會變得不一樣。

　　曾經我有個也是做業務銷售的朋友，有一天，他輪值顧店時，店內走進一個婦人，一看，她不正就是自家社區那個被許多人瘋傳「不好相處，是個惡婆

婆」那位嗎？但這天她卻進到店裡跟我那位朋友說，她想看屋，我那朋友也以正常的待客之道帶她賞屋看屋談價格，後來這位「惡婆婆」真的訂了一戶屋子。

之後跟她聊，她才跟我朋友說：社區裡大家常對她用異樣眼光看待，但唯有我這位朋友，每次夜晚下班回家，都會親切的和她打招呼。因為在我朋友眼中，這位婦人並沒有什麼不一樣的地方，因此每天見面就用誠心和她問候，沒有特別巴結或做什麼刻意地拜訪，結果這位婦人反而願意跟他訂下上千萬的房子。

我們看人看優點，也不需要特別用功利角度去判別。但真心看人看優點，真的會帶來你原本料想不到的好結果。

🏠 換個新角度看世界 🏠

當然，個性的改變不是一朝一夕的事。相信就算今天我們學到要看人看優點，也不可能一闔上書本，轉身就對身旁的人說「你好美」。

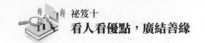

　　如何看人看優點，以及如何培養積極樂觀的個性，都是一樣的原理需要從日常生活中練習。

　　有一天我開車在高速公路上，忽然，一輛車飛快地切入我前面，在很驚險的瞬間換車道，差點釀成車禍。當時我旁邊坐著另一位朋友，他不禁破口大罵，甚至說要報警。朋友看看我說：「咦！阿旺你怎麼一副老神在在地，沒有生氣啊！」

　　我於是跟我的朋友說，事情發生就發生了，你現在怒氣衝天，對方也不知道，徒勞地氣死自己好多細胞。我是這樣想，那個人一定有急事，可能是接到電話通知家人送醫院，或者，趕著去機場，時間緊迫，或者是老天爺提醒我開車隨時要保持專心，不能開太快等等。總之，試著凡事往好處想，心情就會不一樣。

　　當願意用正面心態看待身邊小事，那麼之後理所當然地，也能夠用新的眼光看待客戶：

● 某個客戶看商品看半天，抱怨一大堆，最後還是什麼都沒買。

過往想法：倒楣，碰到奧客。

現在想法：感恩，因為這個客戶，我又可以了解很多商品的問題，提升我做為銷售技巧改進依據。

● 某個新人動不動就跑來找我，覺得他好像很多事都不懂。

過往想法：這人好煩，可不可以自己做事不要黏著我？

現在想法：這新人很有進取心，真的想學東西。相信我若能把他帶起來，他會是我將來很大的幫手。

初始這會是種功課，有些難以調整轉換，例如原本看到一個凡事都不懂的新人，現在要立刻用新的眼光看他。

這裡的建議，當你感到情緒來的時候，例如當你碰到事情，感到胸中有股怒氣，或者覺得諸事不順，

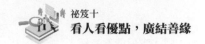
整個人充滿負能量時，試著深呼吸，不要讓情緒主導你的人生。可以在心中默數三秒，讓自己心情緩和，不再情緒化，此時就可以更客觀地看事情。

修養到了某種階段，我們甚至可以主動去找「麻煩」，那些過往也許你避之唯恐不及的人，現在你可以試著主動去接觸。例如，以前你看到上司來就想躲起來，現在卻主動去面對上司。在賣場裡，有個被大家稱做奧客的人，過往你也是很討厭那個人，但現在你願意試著去面對她。

這世界，麻煩及挑戰不會因為你躲避而消失，只有面對它，才能真正超越它。

當有一天，你自然而然地，碰到挫折，心境上就會想成「吃苦當做是吃補」。碰到各式各樣的人，種種的抱怨及批評，都能當做是「指導」。

於是放眼世間到處都是我的客戶，團隊每個成員也都是我的助手。

像是：你過往已學了各門各派的武功祕笈，如今透過心念一轉，真正把武功內化，變成一種通達的視界。

當達到這樣境界，於是市場變寬廣了，這樣的
你，當然就更容易成為千萬業務。

成功心法：
看人看優點，做人溫暖點；
角度不一樣，眼界就不一樣。

祕笈十一：
裝不懂才會懂更多

❚ 虛心承認自己還有許多需要學習的地方，努力
去追求更好的答案，持續提升讓自己更好。 ❚

子曰：「知之為知之，不知為不知，是知也。」

這句話是說：對一件事情，懂就說懂，不懂就老實說不懂，懂得一寸就講懂得一寸，多講一分或少講一分都是不正確的，這才是正確的求知態度。

對於業務朋友們來說，這句話有時候還要調整，變成：「不知為不知，但就算知，有時候也要當不知」。

最忌諱的情況，就是明明不知道還裝做知道，那不僅僅讓別人對你的誠信打問號，甚至有時候，還會誤導消費者，帶來不好的結果。

「祕笈十一」談的是人與人間應對的一種訣竅，講的也是一種做人的態度。如果我們可以從這種人與人間的關係，得到認可以及信任，那麼事業成就也就達到一定高度。

🏠 認清自己還是有該學習的地方 🏠

站在消費者立場，我們買東西時，最需要業務窗口提供的是什麼呢？基本上有兩點：第一是專業的資

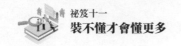

訊，第二是誠信的互動。如果業務本身還具備態度親
切、售後服務佳等優點，那就更棒了。

　　既然消費者喜歡的是這樣的業務。因此，回過頭
來，審視自己做為業務的身分，首先就得強調自己的
專業。就好比到 3C 賣場買電腦，工作人員不會告訴
你：「我不懂這個，我只是來看店的。」我們平常
買任何商品，也都希望店老闆可以解答我們所有的困
惑。更別說高單價的商品，好比說一張保單合約可能
價值百萬、或購買汽車、房屋等等，擔任第一線業務
的人，自然更被期許必須絕對的專業。

　　可是問題來了，理論上，每個業務應該都要很懂
自己的商品，可是實務上，一方面有的業務可能還在
磨練學習中，畢竟，任何的業務也都經歷過從 0 開始
那段，那時，身為新人的他可能對商品就沒那麼熟。
二方面，就算是一個已經資深的業務，也不一定可以
百分百應對所有的問題。就好比我本身過往銷售房子
經歷豐富，可以很順暢地把一個房屋物件，詳實地介
紹說明給客戶聽，但這樣的我，卻也依然或多或少，
可能會碰到客戶問的是比較冷門的問題。例如：

● 你知道這一帶，過往幾十年的歷史嗎？是否曾
　經是古戰場？

● 這裡的風水如何？有沒有沖到什麼煞？

● 我們的鋼構是採用什麼規格的？你們跟 101 大
　樓用的是一樣的嗎？

就連我這樣資深的房屋銷售達人，也難免會被客
戶問倒，更何況其他較沒經驗的業務朋友？

當這樣的時候，正確的因應方式是什麼呢？

曾經去參訪其他公司的銷售現場，我就不小心聽
到某個業務接待人員，當他正在接待客戶時，客戶問
了一個跟稅務有關的問題，這方面正好也是我的強
項，正想聽聽那位業務怎麼講。

那時我聽到客戶問到有關房地合一稅的問題，那
個接待業務的回答，讓我聽了整個人為他捏一把冷
汗。他竟然信口開河，大講一些似是而非的歪理，把
綜所稅、房屋稅以及遺產稅的一些法規根本搞混了，
還講得有模有樣的。剛好那個客戶應該也真的是不
懂，所以還邊聽邊點頭。我當時只是參訪者，也不便

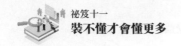
介入去糾正。可是心裡就想著，這個業務明明不懂，
還硬要亂掰，這樣真的很不負責任。

正確的做法，就是所謂「知之為知之」，業務可
以只針對自己知道的部分回答，例如「依據我所知道
的，去年有頒布新的法規，但這方面相關的細節，如
果方便的話，我晚點可以請我們公司的法務為您們做
說明。」

相信只要態度親切有禮，客戶不會因此責怪業務
怎麼連這都不懂，也不需要因為擔心失去客戶，就刻
意把自己裝成很專業。

別忘了，消費者最關心的兩件事：一是專業的資
訊，二是誠信的互動！信口開河，不懂裝懂，這是違
反誠信的。失去信譽的業務，更難有發展。與其如
此，不如承認自己還有需要學習的地方，真正去追求
答案，持續加強提升自己更好。

🏠 客戶眼中的你，是無知傲慢？還是有親和力？🏠

如果說，待客以誠，是身為業務該有的正確心態。那麼，有時候善意的謊言也是必要的。前提是這完全不會傷害到顧客權益。

這並非不誠信，無寧說，這是一種彈性。

這類的情況大致上有兩種：

● **情況 1：懂，但我們不表現出來。**

● **情況 2：懂，但我們還刻意裝不懂。**

試想一個情境，在帶客戶看屋的時候，那位客戶是某個高科技企業的主管，他邊逛屋邊不禁聊起自己的本業。談到現在社會趨勢，物聯網興起，將來房子可能都能結合雲端科技，甚至坐在車上還沒到家前，就可以預先遙控家裡的空調，讓自己一入家門，室內就已經是適合的溫度。

假定有三個業務分別在不同時間接待這個客戶。他們的表現：

● 甲業務：「物聯網，那是一家新公司嗎？有上市上櫃嗎？老闆你的人脈好廣。」（客戶聽了當場白眼，內心不斷 OS：「這個業務怎麼連什麼叫物聯網都不知道？雖然我是來買房子不是買科技應用，但還是覺得跟這種連基本常識都沒有的業務買東西，我很不放心。」）

● 乙業務：「唉啊！我知道啦！其實那也是現在分享經濟可以落實的原因，就是結合大數據運算，讓很多以前不能實現的夢想化不可能為可能，包括虛擬貨幣、五 G 應用都跟這有關。」（客戶聽了，表面上點點頭讚許這個業務懂很多，內心裡卻在想：「你有必要搶我的話頭嗎？你很了不起是嗎？我是科技公司主管，你卻想來教我什麼是尖端科技嗎？我就算買房子，也不喜歡跟這樣的人買。」）

● 丙業務：邊聽客戶講話邊點頭說：「原來物聯網是這樣的概念啊！之前是有學過一些這方面的理論，但今天聽了您的一席話，才更加充分了解其整體的關聯。貴公司真的是走在趨勢

尖端，您能夠擔任高階主管，真的是社會的菁
英。」

（客戶則一邊謙讓說：「沒有啦！沒有啦！」
一邊內心還是很愉悅的。他會繼續發表他的高
論，同時也對這位業務很有好感。最終，即便
可能房子不盡然是他百分百想要的，他也願意
忽視小缺點，直接問業務：「這屋子的價格多
少、付款方式如何？」等等的問題。）

以前述的案例來說，最「誠信」的是誰？理論上
是甲和乙，前者是真的不懂，他誠實的把他的想法呈
現出來，給客戶的印象就是「無知」。後者是真的
懂，他也誠實的表現出他很懂的樣子，給客戶的印象
就是「傲慢」。共通的結果，就是都讓客戶感到不舒
服。

丙業務其實也不是不真誠，只不過他委婉地隱藏
他的專業，但又適時的表現出，他至少聽得懂客戶的
講話。這樣，一方面讓客戶發表慾可以被滿足，二方
面，客戶也感覺他的話不是對牛彈琴，因為知曉對方

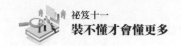

聽得懂他的話。

所以，這其實也是一種商業上的禮儀，講白話點，就是我們總是要給客戶面子。包括對方若講錯了，只要不是關乎事業主題，我們也不需要糾正。也就是若以買屋為例，他講錯的內容是閒聊的範圍，就不須糾正，但若關於房子本身，牽涉到後續簽約細節的，那才需要委婉的幫客戶「小小提醒。」

做業務或談生意，不是比輸贏，重點是要讓客戶簽訂單。當業務懂很多，最終卻簽不下訂單，那再有學問，也沒有意義。

🏠 不知為不知 🏠

前面談到的是，有時雖然懂，卻要適時地在客戶面前表現得收斂。

但有些情況，則是雖然懂，卻刻意裝成不懂。

這有兩種情況：

● 當客戶正在興頭上，要讓他繼續當主角

跟前面案例很像，不同的是，前面案例可能客戶

半聊天半和業務交流，因此業務雖不能搶戲份，但也不能說自己完全不懂。這裡的情況，好比說，今天和某個企業家餐敘，他對著全桌的客人說：「你們有沒有聽過那個『小明叫爸爸』的笑話？」大部分人其實都聽過了，但還是假裝從來沒聽過。這是為了讓企業家繼續當主角。而以業務推廣來說，有時候碰到客戶很想侃侃而談時，也一樣要懂得裝聽眾，這也是一種社交禮儀。

● 適時的表現無知，反而可以學習更多

以下的情況，也不限於業務場合。包括與朋友聚餐也可以，例如你本身原本懂虛擬貨幣，甚至也真的投資過虛擬貨幣。但在座中有一位真的是這領域的達人，那麼你就算本來懂一些，最好也別表現出來，否則對方會覺得，你都懂了，我就不需要講了。相反地，當你表現出不懂的樣子，那對方可能就會講出許多你過往不懂的知識。另外在業務領域上面對客戶時，也要掌握機會和客戶學習，例如客戶問到風水問題，你本身雖知道這房子的坐向以及是否沖煞等等的資訊，但如果該客戶是這領域的專業師父，那還不如

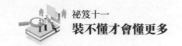

就整個地讓自己空杯，誠心聽客戶講述他的風水理論。這樣一來，你也增長見聞，下回有其他客戶問你風水方面問題，你也回答得出來。

其實，業務成長到一個階段，可以說基本技能以及基本客源都已能掌握，然而往往到這時候會碰到瓶頸，就是業績只能到這裡難以突破。當這樣的時候，表示自己可能學有不足，需要加強學習。

以我來說，若是這種情況，我渴求學習都來不及了，絕不可能還發生那種面對客戶時，不懂還裝懂。

有時候，甚至我也不去計較這個案子能不能成交，而是誠實的跟對方說：「關於這方面我真的不懂，還請您指導。」客戶反倒覺得我很真誠，願意指導我相關主題。

包括平常在企業內部接受培訓時，都已經花時間來上課了，更不可能不懂裝懂，當上課時老師提到的某個理論我不明白，我就會大方舉手，請老師可否針對剛剛那部分再講解一次，內心絕不會想著：「我提問題大家都在看我，很丟臉！」這類的事。

此外，我還會常態性的和已經成交的業務夥伴請

益。因為我真心想了解：

    ＊他們如何成交一個案子？

    ＊在關鍵時刻，他們是做對哪些事情？

    ＊客戶問了哪些問題？他又是如何回應呢？

    我也會自己審思，如果客戶問我同樣問題，我的回應會是什麼？以此來和成交者的答案做驗證對照。每每在這過程中，可以激盪出不一樣解決問題方式。**在與對方互動過程中，我也會分享我的解決方式，做為回饋，教學相長，也是一種快樂。**

    總之，我們不會自以為很能幹，身為一個業務，自滿是大忌。我總抱持著學習的心，願意主動學習。因此真的也就讓我學到更多業務技能。

    「滿招損，謙受益」，就是這個意思。

成功心法：
滿招損，謙受益。愈厲害愈謙虛。

祕笈十二：
先接受，再判斷

" 真正有能力的人，不會自以為是。真正有能力
的人，也不會自滿一成不變。因為知道自己有
所不足，所以懂得謙卑先接受。 "

有一陣子，電視上經常報導詐騙盛行。令人訝異的不是詐騙案怎麼似乎永遠都抓不完。而是經常那些被詐騙的對象，並非什麼學歷很低的村夫農婦，反倒很多高階知識份子，包括退休法官、學校校長、知名學者、乃至於警官，都曾被詐騙。

　　其實這一點都不奇怪。詐騙事件受害人，不一定是智商低的人，反倒可能因為太自信，而被抓到弱點，有機可乘。

　　一個習慣性、自以為是的人，就是變相的學習停滯者，儘管學歷再高也沒有用。這種人對太多事都有了預設立場，難以容納新的資訊。也別以為這種人，比較不好騙，實際上，愈是自以為懂很多的人，愈是容易被騙。對方只要抓住你的內心想法，先順著你自以為懂的部分走，然後在「你認可的基礎知識」上做文章，埋陷阱，最後落入詐騙。這時候，就真的是「因無知而受到傷害了」。

　　業務成就到一個階段，不僅要嫻熟業務技巧，也必須有一個領導人的格局、能力及高度。看人看事都要有資深者的風範。

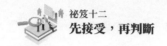
真正有能力的人，不會自以為是。真正有能力的人，也不會一成不變。因為知道自己有所不足，所以懂得謙卑。懂謙卑的人，面對新的人事物，一定是先接受，再判斷。

🏠 聰明反被聰明誤 🏠

這麼多年來，因為業務工作，我接觸到很多的人事物，但我始終有個信念，「人外有人，天外有天」，永遠不要自以為什麼都懂了。自以為懂，就是把自己隔絕在原本可能的商機之外。

例如，談起傳直銷，很多人第一個念頭就是：「那個我知道了啦！就是怎樣怎樣的聚會，我聽多了，沒興趣。」但我其實不會預設立場，知道對方邀我去參與傳直銷場合，我也不會馬上拒絕。我會去聽聽看，搞不好有新的觀念知識可學。

有些名詞，有的人可能預設立場，覺得跟我沒關係。好比說聽到「區塊鏈」，覺得科技相關東西與我無緣，或者有人是自己到處翻翻報刊讀到一些學者的

言論，就自以為「已經很懂」區塊鏈。但我不會有這
種情況，只要有機會我都很樂於學習。我的立場：

● 這東西，好不好用？要不要買？我可以自己判
  斷。但無論結果如何，至少，我又增進知識，
  也增加了談資。

● 當我長期保持這種態度，那我就像隨時打開藍
  芽天線般，四處吸收新知，這樣的我，對客戶
  來說，有著各種領域的常識，是個很好的交易
  對象。

● 長期培養「先接受再判斷」的習慣，也讓我有
  種「願意傾聽」的特質，客戶都喜歡願意傾聽
  的人。

　其實，當一個人爬到某個峰頂時，最怕的是什
麼？最怕的是從此自以為可以睥睨天下，眼望著無邊
無際的天空，放懷高歌，自信自己看得夠遠，任何來
自四面八方的動向自己都能掌握。

　但卻忘了，最危險的敵人，不一定來自遠方，可
能連近在眼前的資訊你都看不到，因為你覺得過往的

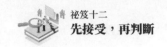
路你已經走過，一切都沒什麼大不了，當你正看著前方有許多飛鷹翱翔，卻沒留意就在你的腳邊，正有一條毒蜈蚣朝你爬過來……。

在與朋友聊天時，常常聽到有人這樣說：「為何有些人，原本都還算是個人物，怎麼當爬到一個高位後，連腦袋都變了。」或者有些人，怎麼一朝得意後，徹底遺忘了初心，甚至讓自己變成當初他原本最討厭的那種人。

其實不是人在富貴時就會變質。而是人在成長到一個階段後，掉入了一種學習弔詭中，也就是：**一個人之所以被困住，不是困在無知裡，相反地，因為他自以為知道很多，結果反倒形成另一種無知。**

其實不僅一個爬到高位的人可能如此，任何人都可能會這樣。

各位想想自己有沒有以下的情況：

＊爸媽想跟我們聊什麼，我們都覺得不耐煩，因為他們「思想古板」，學歷也不高，什麼都不懂，只會教訓兒子。

＊兒童講什麼，都覺得他們好可愛，但可愛歸可

愛，我們內心根本不會把他們的話當真。（就曾發生過，有一個社區好幾戶遭竊。後來大家懊悔為何那麼不小心時，有個小朋友很委屈的說，他當時明明就有說他看到奇怪的人，可是「大人們」都不把他的話當真。）

＊在職場上或在居住場域附近，是不是我們預先幫許多人貼標籤了？認為某些人就是學識低、沒文化。覺得某些人就是低人一等，好比看到社區管理人、清潔隊員、街邊小販，就覺得他們是比自己沒成就的人。

以上的種種，就是一種變相的無知。

所謂「無知」有兩種：一種是學習不足的無知，這種無知必須靠勤學，靠積極吸收新知，才能日漸補足。另一種無知，則是最容易被忽略的，就是「自以為知道，其實不知道」的無知。這種無知，就是自己畫一個框框，把自己關起來，表面上，被關在外面的是那些無知的人（包括學歷低的父母、新進人員、看起來比較不「高尚」的行業），實際上，被關在框框裡的人是自己。

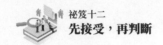

　　這種無知，就是被「過往」綁住的無知。這種人，其實過往經歷很多，可是反倒被這些過往經歷侷限了。

　　兩個常見的例子：

　　(1) 很多企業在徵人時，會設定「寧願聘請剛畢業的社會新鮮人，也不要去找所謂經驗豐富的人」。那是因為，那些已經有社會經驗的人，反倒有太多工作上的自我設限，他們已經成見太深，很難加以輔導。反倒那些社會新鮮人，雖然可能完全沒實務經驗，但身為一張白紙，是比較容易接受新知識的。

　　(2) 許多的技藝，都是有設定年齡限制的。一方面因為兒童及少年人，身子骨比較軟，且記憶力比較好，學習較有效率。另一方面也是因為，一旦成年，就會背著太多的社會歷練包袱。這些人，老師叫他做什麼，他們內心都會忍不住想推翻，認為「我覺得不是這樣」，如此，無法信服老師，也難以做到學習。

　　以上這些跟千萬業務有什麼關係呢？

那是因為一個真正的業務高手，是不設限的。不會預設「這個客戶不可能買啦！」、「那個人不屬於我的客群」、「這種情況依照經驗，是不能成交的」、「依照景氣判斷，這樣做下去不可能有什麼商機」。

當一個人總是被這些「不能」「不可能」「沒希望」等自以為是「先知」的預設立場，那就很難成為千萬業務。

🏠對人對事不要預設立場🏠

那如果我們想要跳脫這種無知，該怎麼做呢？

有個很好的方法，就是試著先不要急著說 No。

舉個例子：

當路上有人發 DM，一般人可能看都不看，就直接閃避。但我基本上，還是會看一下 DM，我的原則是「先接受再判斷」，也許那張 DM 可以傳達某些資訊，例如這附近又新開一家店，或者有個建案在某個

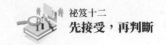
社區，就算 DM 裡沒什麼訊息。那也不會妨礙什麼，我再跟對方說這 DM 我用不到。

其實為何大家習慣性的看到人家發 DM 就避開呢？因為內心想著「我早就知道，那是什麼了。」

這就是一種預設立場。

當然依照長期經驗，我們可能都已猜出，那些 DM 實際上就是房屋廣告那類的。然而，習慣是長期養成的，如果心態上，這也設定「我知道了」，那也設定「我知道了」，長此以往，就會變成根深蒂固的習慣。**重點不在於 DM 上有著什麼？而在於自己是否能保有一顆開放的心。**

應用在生活實務上：

● 跟家人吵架。丈夫妻子不合，都說「公說公有理，婆說婆有理」，的確清官難斷家務事，這類事外人難以置喙。可是實際上，夫妻吵架，多半是因為每個人太堅守自己的立場，並以為自己很了解對方。這種時候根本沒有溝通，而是大家都已預設立場，偏偏自以為知道的，並

非完全的事實全貌，於是就吵得不可開交。

● 很多人愛以貌取人。例如穿著制服，就預設立場對方會講什麼。好比說，可能看到警察來找你，就預設自己惹上麻煩了。看到有人嚼檳榔或身上有刺青，就預設對方是來找麻煩的。看到對方是來自八大行業的，就預設對方很沒文化沒教養。但實際上，有的身上刺青開著大卡車的司機，實際有著碩士文憑，很多酒店工作者，比起一般上班族還更懂得人情義理。

正確地與人應對作法，應該先聽別人怎麼說，再做判斷。

* 當公司主管或其他部門找我們，別預設立場對方是來找麻煩。
* 當孩子有事跟我們談，不要想成都是無聊的小事。
* 當下班後，妻子想和你談談，也不要覺得一定都是東家長西家短的事。
* 當碰到什麼事情，好比說車子擦撞了、業績不

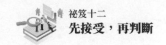
好被老闆叫進去，有的人聽都不願意聽對方講話，立刻就捲起袖子，以為對方是要來爭執理論的，但結果，對方只是想告訴你，他願意好好談，但是否先通知各自的保險公司。進老闆辦公室，以為老闆是要罵人，於是老闆沒開口，就先不斷爭辯自己已盡力了，但結果，老闆根本不是要罵你，反倒他要稱讚你，因為雖然業績不佳，但他認為在如今不景氣下，你有這樣成績，已經很值得稱讚了。

有句話說：「世間本無事，庸人自擾之」。

許多時候，就是類似這樣的自以為是，自我設限，於是本來沒事就變有事了。紛紛擾擾就是這樣來的。

今天起，試著不要凡事一開始就說「NO」；碰到事情，若心中的成見要浮上來時，先讓自己暫停一下，深呼吸，把要說的話先忍住。然後望著對方，靜靜地說：「請問你想跟我說什麼？」

🏠 業務，沒有不可能 🏠

當我們學會了先接受，再判斷。那樣再去重新面對客戶市場，就會發現，有更多的機會可能。

我們先來想想，以我們的事業來說，原本什麼狀況會被預設為不可能？

例如，以我賣房屋的為例：

＊穿著土裡土氣的人，會被列為不可能

＊家住在普通社區的人，不可能來買豪宅

＊太年輕的人不可能買屋

＊一個女生單獨來看屋，也不可能是我的客戶

＊開一輛破車的、戴著仿冒手表的、講話國台語混雜的、進到樣品屋東看西看像劉姥姥逛大觀園的、外籍配偶、來自東南亞的人⋯⋯。

以上種種，可能事先都被列為不可能成交的對象。如果有其他更好選擇，一定去接比較「正常」的客戶。

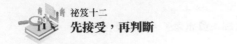

　　但如同我前面的故事也曾提過，當初我在銷售建案時，就是先從別人覺得不可能的地方著手。那時我去周邊社區邀請住戶來參加茶會。當時同事們可能會想，住本地一般社區的人，怎可能來買這種高級建案？但結果，後來就真的成交許多戶。

　　另外在接待客人時，很大的忌諱，就是自以為已經知道客戶要講什麼。就是說，當客戶問到一個問題，正想繼續講時，就被業務打斷，業務覺得自己經驗豐富，就開始幫客戶「上課」：「這位先生你所擔心的問題，我們早就知道了，我們的建材採用最高級的石材，並且有經過國際工程認證……。」

　　但客戶原本要問的，不一定是我們自以為他要問的事。然而，都已經被業務切斷的話題，客戶也不想辯解，就耐著性子聽完業務講完，接著就離開，再也不回頭了。

　　我在遠雄服務這許多年來，其實也碰到許多的案例，已經有太多我所服務的對象，表面上，看似根本不太會來買屋的，但最終，他們不但買屋，並且還買了許多間。

所以，要想成為千萬業務，不要再自以為聰明了。就連我本身，長年身為業績冠軍，我也永遠覺得自己有所不足。

一個棋王會說：他一生接觸的棋局，千變萬化，但即便如此，他依舊無法預測下一盤棋，因為學無止盡。身為業務，我們也要說，業務場上有各式各樣的可能，沒有什麼事絕對的，先讓自己成為願意面對新事物的人，才可能讓那些各式各樣的可能，轉變成自己實戰的業績。

愈厲害愈優秀的業務人員，其實愈容易接受別人的觀點，也愈有同理心。

成功心法：
打開自己的藍芽天線，
資訊來了，先接受再判斷。

祕笈十三：
喜歡和信任，
比專業更重要

" 同樣是信任，又分成兩種：一種是對人的信任，
一種是對商品的信任。 "

人是理性與感性兼具的動物，然而是理性高過感性，還是感性高過理性呢？

　　答案可能見仁見智。但有一個道理是共通的，在基本的需求可以滿足的前提下，理性上是可以容忍：用一點點的價值減少，換取更大的心理慰藉。

　　這樣講可能比較難懂，讓我們舉例吧！

　　假定你公司附近有兩家麵店，賣的麵食小菜都差不多，嚴格來說，甲店似乎餐點選擇樣式多些，座位也比乙店寬敞、甚至某些小菜還比乙店賣得便宜。但你卻大部分時間都去光顧乙店，而不是甲店。為什麼呢？因為甲店的老闆娘，老是一副晚娘面孔，且對錢斤斤計較，有一次不小心拿零錢時拿錯，竟被那個老闆娘斥責。相對來說，乙店的服務親切有禮，用餐完還會問你吃飽沒，讓你很窩心。

　　用業務來比喻，甲店可能像是經驗豐富的資深業務，乙店則是資源較少的菜鳥業務。但若後者可以「深得我心」，那依然會獲得客戶青睞。

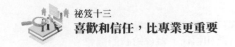
🏠 就算新人，也能有他的優勢 🏠

談起信任，所謂「被信任」是什麼概念呢？

在生意場上信譽無比重要，業務工作能夠讓客戶信任或喜歡，進而獲致成交，那不僅僅是收入增加，也就是對自身人格的肯定。

以我自身為例，我做得是有錢人的市場，他們最初都跟我不認識，到最終，卻願意把幾千萬的財務規劃委託給我，他們本身也成為我事業路上的貴人。這時候，我一方面覺得身負重責大任，一方面也因為這樣的被信任，而有種感動。

所謂「信任」，其實是一種抽象的概念，跟實力有關，但卻非必然畫上等號。例如，你有筆錢想委託某家銀行做投資平台，面前有兩個選擇，一個是理財有方在銀行擔任高階主管的典型成功者，一個是自小跟你一起長大的朋友，目前只是擔任銀行初階理專。你身上這筆錢會交給誰處理？

答案視情況而定：

● 如果該投資項目，牽涉到上百萬金額，必須熟知國際情勢，以及具備足夠的應變經驗。那可能你還是會找那位高階主管。

● 如果你評量，這筆金額管理，須具備一定專業，但不需要牽涉到複雜的操盤，只需要守好你的錢就好，那你就會找你的朋友。

為何找自己朋友呢？他明明相對來說比較不專業啊！

因為在心理認知上，你相信，那個專業的投資人，只會為銀行本身利益及他自己的獎金著想，但你的朋友，卻會為「你」著想，就是這樣的區別，讓你願意選擇自己信任的人。

事實上，不論在哪種產業，業務界朋友們一定也有發現：就是有的客戶，喜歡那種老實木訥型的業務，甚至就算對方連商品介紹都說不清楚，還講錯話得靠客戶來糾正，但有的客戶就是喜歡這樣的人，認為這樣的人誠實可靠。因為這種老實是裝不出來的，畢竟，任何一個人當從基層業務爬升到一定的資歷，

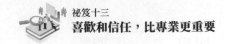
絕對會變得更成熟穩健,也不需要靠裝老實來騙客
戶。所以在團隊裡,有時候新人是個寶呢!

有個名詞叫做「新人運」,各產業都一樣,很多
新人,明明什麼都還在學,但反倒比資深同仁還容易
賣出產品,就是如此的道理。

以前述新人的例子來說,銷售的關鍵字眼是「信
任」。在交易的第一階段,客戶在還沒認識商品前,
心中怕的是業務人員舌燦蓮花,只想銷售但不是真的
關心客戶,因此,老實沒心機的新人,讓他們比較信
任,畢竟,對新人來說,他們尚無業績而且也沒有客
戶,所以更能視每個客戶都像珍寶般的認真對待。

不過,專業依然是一大重點考量。如果是購買單
價低的商品,那絕對沒問題,就跟新人業務買。可是
像是房地產這種高資產商品,如果都委託新人處理,
客戶可能還是會擔心。因此,我在實務上,會安排新
人扮演第一線接待角色,後續要談簽約及付款階段,
再由資深業務出馬。

**因為,同樣是信任,又分成兩種:一種是對人的
信任,一種是對商品的信任。**

在商談後半段，客戶關心的重點，便拉回來是對
商品本身的信任，因為一個人老實可靠雖然好，可是
現實生活裡，商品買回來必須實用，客戶考量的重點
是「專業」，這時候，由像我這樣的資深人員出來
談，他們就會比較信任。新人此時也可以在一旁陪同
學習。

當然，這裡強調的是新人有他的優勢，那就是看
起來老實可靠。但不代表所有資深業務都不老實可
靠，否則所有業務都無法做下去了，畢竟每個菜鳥業
務最終還是會變成資深業務。

如何建立信任感呢？這才是我們必須自己加強的
課題。

🏠信任就是：我喜歡他，我願意和他交易🏠

談起信任感，要怎麼做呢？

以下舉我自己處在客戶角色的實際案例：

幾年前我因為換屋需求去賞屋，在過程中，妻子

因為先去帶小孩，我自己先進接待中心想了解新房子環境以及規劃，可能因為只有我一個人，所以接待我的業務小姐，雖然穿著套裝表情很精明幹練，一看就是資深業務，但她接待我的態度，先是上下打量，有種「只是禮貌性應對，但不認為我會買」的意味。這讓我當時感覺不舒服，其實我們對物件很滿意，但最終我們還是選擇其他的業務接待人員談簽約。

所以，什麼是「信任感」？信任就是指「我願意和這個人交易」。

那麼我們願意和怎樣的人交易呢？

●*理性專業面*

* 能夠保障我的消費品質者。

* 能夠提供我所需要的服務（包含售後服務）。

* 能夠保證，未來當我碰到產品任何疑難雜症，我的業務窗口可以依賴。

* 甚至連我原本不知道的訊息，透過業務都可以讓我學到這方面的更多專業。

●感性心靈面

* 這個業務員和我很契合。

* 這個業務員不會騙我。

* 這個業務員就是讓我想捧他的場。

* 我有種「感覺」，跟這個業務交易應該沒問
  題。

其實，表象並非一定是真相，外表老實，不代表
真的老實。但既然這世間沒有人可以真的具備「X 光
眼」，可以看到別人內心想法。那麼，外表也的確是
唯一判別標準。所以，「老實親切」會是銷售的一種
特質。

但上段提到，表象不代表真相，我們可以是精明
幹練的人，但依然可以展現出老實親切的樣子。當然
這裡的「老實親切」，我們不一定要故意裝成老實
人，但有時候，建議可以「扮豬吃老虎」。所謂「扮
豬」不是要裝笨，但重點在於我們要非常謙虛。如
同在「祕笈十一」我們談過的「裝不懂，才會懂更
多」；好比說，在和客戶交流時，當他談的某個議
題，你其實已經懂了，但刻意在客戶面前謙虛地表示

你想聽他高見，當客戶願意對你高談闊論，那就可以拉近彼此距離；否則他講什麼你都表示你早知道了，一次兩次客戶感到沒趣，溝通就中斷了。當然也不能裝得太過火，若客戶講任何議題，你這也不懂，那也不懂，那一樣談不下去。

某個角度來說，扮豬吃老虎，就是在和客戶借力。當客戶說得興高彩烈時，趁他興致很高，你適時插入幾句話，邊讚美邊刺激他朝你的商品優點思考，最終客戶會「自己說服自己」，這產品真的不錯。

那麼，你就是借客戶自身之力，成交新的訂單。

當然借客戶之力的前提，還是植基於信任。關於信任感的建立。客戶如果信任你，就會喜歡跟你交易。這種關係並且會是長期的。

我有個長期客戶，我稱他為高總，他在三峽跟我買過三間房子，總金額達六千萬。後來我到新莊，在那邊高總又跟我買四間，總價差不多兩億的房子。

當我轉入保險產業，我去跟高總介紹稅務法規，他也跟我成交了年繳 400 萬十年期保單。高總甚至

告訴我，他全部資產在哪邊，包含他的不動產、股
票、基金，也包含他的其他投資，例如哪裡有公司，
都讓我知道。甚至請我幫他申請保單，因為他想了解
以前跟人家買的保單是怎樣的情況，還委託我幫他申
請財產清冊。

可以說，高總就是已經全然的信任我。

當一個客戶這樣信任我，就代表我有源源不絕的
生意，包括高總本身以及他的朋友，還有他的下一代
繼承者，都會是我的客戶。

信任，真的很重要。

🏠 培養自己的「被信任感」 🏠

怎樣的表現才會讓客戶信服呢？例如我們本來就
是資深專業者，如何呈現出親切老實的樣子？以演戲
來比喻，「入戲最深」的演員，才能演得最好，最好
的情況，就是根本已經跳脫「演」的境界。

當我面對一個客戶，真心的完全站在他的角度上

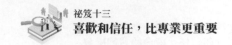

想事情，那時就會呈現出「真正」的親和力，就假想對方是自己的父母或子女，你會算計自己的父母嗎？你會想要坑自己的子女嗎？如果達到這樣境界，就可以讓客戶感到你的真誠。並且全心信任你。

　　但在業務實戰上，這是很難做到的，特別是一般尚未達到績效的業務，他們是很難做到完全替客戶著想的，畢竟，一來我們真正關心的還是自己的業績及荷包；二來，對方也真的不是我們的親人朋友，硬要裝下去違反人性也太矯情。也因此，要提升自己的信任感，無法靠臨時的「演技」，必須靠平日的培養。基本的做法：

●真正落實去融入公司的產品

　　以銷售房屋為例，我們要真的感受到這裡的建案很好，好到如果我自己有更多資金，我肯定願意在此置產。當你如此相信，最終你會變成這個產品的熱愛者。當你以熱愛者的心境去和客戶溝通，那種散發的熱情絕對是不一樣的，你會讓客戶感受到「我好喜歡這個房子，推薦你們也來買」。

● 多閱讀正面勵志的書籍報導

人的氣質是可以涵養的。當一個人經常接觸到正向的訊息，內心也會被「淨化」。一個人的表情可以裝，但氣質是不能裝的。當你的內心時常想到公益，想到社會的美善。包括銷售房屋時，也總是覺得居住在好的建築裡是多幸福的事。相信當你這樣的氣質散發出來，客戶也會感受到。他們就會不知不覺想跟你多說說話，覺得你是可以信任的。

● 多結合成交案例

信任來自於多方面，第一要件當然是雙方見面的印象，但也包括其他輔助加持。例如當你和客戶談話時，拿出你曾經通過考試取得的證書，或者你本身曾被媒體報導，都可以拿出給客戶看，瞬間就可以提升客戶對你的信任感。但如果很多行業並沒有這類證書平常也不會被採訪，那就多多倚賴名人加持，例如：你可以說：「某某企業的老闆是我的客戶，咦！你來自新北市中和嗎？剛好我上週也成交來自中和的一個朋友，他對我們的物件很滿意。」類似這樣的話術，找出其他人背書，也是可以提升信任感。

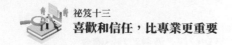

整體來說，信任是一種抽象的感覺，卻是影響交易甚大的關鍵。所謂心誠則靈，不只是宗教上的話語，也可以是業務的一種信念。

當我們誠心要為客戶服務，不需要裝，一切自然，那客戶就會感受到你的溫度，對你產生信任。

成功心法：
感動客戶，
讓客戶感受到我們的勤勞和認真。
客戶喜歡和信任，就會給我們機會。

notes

祕笈十四：
計較是貧窮的開始

" 計較，帶來紛爭。不計較，可以為自己帶來
更大的收穫。 "

心胸有多大，世界就有多大；海納百川，所以滋養萬物。

　　在成為資深業務前，還有一個重要觀念，不只是每個業務人都要熟記，實際上，也是各行各業的從業人員都要知道的 —— 就是我們應該要有寬大的心胸。

　　就先以單純的上班環境來說好了，如果同事間彼此互動，原本都開開心心的，但後來開始有人在傳：「新來的陳先生，他的底薪比我們多 3000 元耶！」「什麼？怎麼這麼不公平？」等等的消息，立刻引起波瀾，原本辦公室的和睦氣氛立刻破滅，開始閒言閒語，有人因此不滿老闆，同時間，工作效率也大打折扣，因為同仁已經無心在此了。

　　其實，底薪比較高，可能是因為他的專業技術好，或者有被賦予其他使命，其他同事不明就裡，只因小小的三千元，影響整個工作環境的運作。

　　但在現實生活，甚至對我們整個人生來說，計較，帶來的負面影響甚至還要更大。一個想要追求成功的人，往往就因為心胸狹窄，格局終究有限，成不了大事。

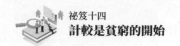
🏠 觀念轉個彎，合作更快樂 🏠

這許多年我在遠雄建設專案部門服務，我的工作就是業務銷售，如同每個業務都知道的：業績很重要，這種事難以雨露均霑，某甲業績高賺得多，某乙業績少生活發生困難，但不能因此就把某甲的業績撥給某乙，靠實力取勝，這在全世界業務領域都是一樣的道理。

但如果發生「搶業績」的狀況呢？其實這類事在不同產業都會發生，以房地產業來說，看房子對許多人來說，也算終身大事，許多人看屋看好幾遍才做決定。假定今天，我和另一位同仁 A 小姐，共同接待一個客人，陪他看屋看了幾小時，他覺得不錯，但必須回家和家人多方考量。過了一陣子，這個客人再次來賞屋，其實他出發前就已經打定主意這回要下訂了。然而這天我輪休，不巧，那位 A 小姐也排休。結果客人來了後，現場由 B 先生接洽，由於之前我們已經深入談過，這回他沒聊太久，當場就下訂。

現在，問題來了。明明是「我們」的客戶，現在

卻讓 B 先生「搶」走了，那怎麼得了？後續肯定會有一大堆抗議紛爭，包括是否要跟大主管告狀，我們辛苦的成果，被人從中搶線了……云云。

結果真正情況發展是怎樣呢？最後，我們選擇三個人一起來合作，大家共同開心歡慶又成交一戶。沒有虛假，沒有記恨。因為我們的心態早已經養成一種共榮共享的習慣。

上面例子說明了一件事情，就是一件事可以有不同角度來思考。

你可以想成：

「我的努力成果，被人橫刀奪愛，我們痛恨這種漁翁得利的小人。」

但更可以想成：

「太棒了，大家分工合作，接力成交了這個客戶。」

實務上，這個案子的業績我們是均分的，並且大家都真誠地接受。也就是這次的業績，我和 A 小姐以及 B 先生各占三分之一。並且沒有人覺得誰吃虧

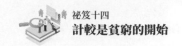

誰佔便宜？以貢獻度來看，雖然沒有我和 A 小姐前面的商談，就不太可能讓客戶喜歡這建案，但實情是當天也是有賴 B 先生的介紹，才能讓客戶做出最終決定。

因為不計較，我們皆大歡喜。並且這已經是一種企業文化，今天我讓你參與這個案子，大家共同分潤。改天，你的案子也可能會邀我參與，讓我業績提升。

事實上就是因為合作模式，我們總體的業績更加成長。

計較，帶來紛爭。不計較，可以為大家跟自己都帶來利益。

該計較的地方與不該計較的地方

其實，表面上看，計較應該會帶來獲利，怎麼會反倒影響獲利呢？

舉例來說，談判桌上，就是因為懂得斤斤計較，才能幫公司爭取更大的利潤。還有工程專案，如果不

是過程中嚴格計較，也無法保證最終出品是最佳品質。

但以上，其實是把「計較」跟「嚴謹」兩個觀念搞混了。**做人做事需要嚴謹，但不需要太計較。**

嚴謹是一種專業，是一種責任，好比身為財會人員，你對公司的帳目真的要錙銖必較，身為品管人員，你更要細心到每顆螺絲每個工序都嚴格不得有誤。在做人做事上，也是人人該守住基本原則，例如管教孩子，再怎麼溺愛，當孩子想不告而取人商品，就要嚴厲斥責，開店賣東西，也絕不容許店員偷斤減兩，以為只差幾公克沒關係。關於道德操守的事，就是要非常「計較」。

但這裡我們所談的「計較」，是一種做人的格局，那就跟財富有關。

試想街口有兩家麵店，A麵店老是和客人計較，一碗麵賣 70 元，我放多少麵團多少蔥多少蒜，都要算很清楚，客人問老闆可否多給點湯，怎麼可以？加湯要加 5 元。另一家 B 麵店則是和氣生財，有時候客人胃納大，要加麵加湯都沒問題，當然份量多的，

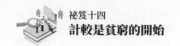
客人自己也會不好意思，願意加價，無論如何，店老闆都不去爭吵。可想而知，後來 B 麵店生意蒸蒸日上，而那家很會「算」的麵店，再怎麼會抓成本，但來客率卻不斷下降，最終賠本收攤。

在一般職場上，好比對上班族來說，老闆一定也不喜歡那種很愛計較的員工。當然，勞工福利是基本的，這裡指的不是勞工權益被侵犯的那種計較。而是在日常工作中，計較怎麼某某某薪水比我多？偶爾工作量大，計較怎麼耽誤我半小時下班時間？或者給了加班費，但我工作時間是一小時又五分鐘耶！怎麼只給我一小時加班費？或者計較的方式不那麼明顯，不是正面抗議，但凡是未下班就開始看錶，一到下班時間就趕快收拾包包離開，或者抱著老闆給多少錢做多少事，今天工作「達標」了，剩下時間就摸魚打混撐到下班吧！凡此種種心態，其實他們的行為不一定會被看到，但只要心態如此，包括這個人的整體談吐和與人應對進退，一定也都缺乏格局，不會是被賦予重任的對象。長此以往，職涯發展依然黯淡，注定沒前途。

上班族如此，更別說是業務這行了。那是因為，業務工作者，要面對的人更多，在體制內要面對老闆同事以及事業群的其他合作支援對象，對外更要每天面對客戶，我相信當一個人內心充滿「計較」時，肯定面目可憎。好比說假定我是心胸狹窄的人，聽到我和 A 小姐最初接待的案子，客戶被 B 先生「搶」走了，那麼接下來我工作的心情就會不好，甚至為了怕案子再被搶，於是刻意不把重要資訊告知公司，同時原本公司想給予我的資源我也收不到。結果，我不但案子更難做，並且我本身充滿「義憤填膺」的負面能量，也感染到客戶，進而讓我每件案子都難以成交。

　　事事計較，結果焦點專注在小利上，最後反而失去的是整個人生。

🏠 做人的格局，跟是否計較有關 🏠

　　最後，關於計較，有人要問：「人不是要有願景才能成長嗎？好比說，我們不是該憧憬更好的生活嗎？這包括：我們可能羨慕別人薪水比我高，或者甚

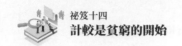
至說忌妒某人比我更有成就，但不是往往因此反倒刺激我們成長嗎？」

其實，表面上聽來有道理。畢竟，仇恨也是一種力量，歷史上多的是這類案例，像人人耳熟能詳的「臥薪嘗膽」故事，不就是因為想報仇而有了力量嗎？

但是，第一，就算是刺激的力量，也有分正面的力量與負面的力量，實務上，植基於仇恨，雖然可能有助成功，但心境上也不會快樂，這種帶著恨意的成功，不是我們所鼓勵的。

第二，計較也是有境界之分。我們每個人身在世上本就需要楷模，從小時候念書到後來入社會工作，一定都有個優秀人士，讓我們做「比較」，就以本書來說，我舉出自己例子，我可以達到年年業績冠軍，這件事也可以讓一些業界朋友用來做「比較」，就是因為有比較，人們才知道可以追求怎樣的境界，有個成長的誘因及標準。這和「計較」的概念並不完全相同。

「計較」是一種小家子氣的，我被欺負了，因此

要討回公道的委曲心態。跟大丈夫有為者亦若是，格局一天一地，根本不可同日而語。「比較」是個客觀的標準，別人更好的我們可以拿來參考，但不會對被比較的對象有情緒上的不理性。

「計較」是可以累積的，所以非常可怕。可能初始只是看不得別人好，但同時間並沒有要求自己變得更好。於是日積月累，會變成一個令人不敢靠近的人，因為所謂「相由心生」，一個每天內心都在 OS，都在認為「誰誰誰對他不好」、「這社會怎樣不公平？」久而久之，就會形成一個負面氣場，這跟表情無關，一個人就算臉上堆笑，但內心裡那種不屑、那種鄙夷、那種不平，一定還是會發散成整體的負面氣質，愛計較的人，看起來就會是一個陰暗成不了大事的小人物。

相對來說，不愛計較，靠後天養成，這也能累積能量。

_再次強調：不愛計較，跟不懂得比較是兩件事，跟樂天知命也是兩回事。_一個業務人，可以為自己設定高目標，並和業界的其他冠軍看齊，永遠比較誰的

227

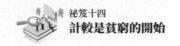

業績更好，追求如何超越。但在生活中，卻依然可以樂善好施，有好東西就跟人分享，甚至有較窮的朋友借錢無力償還，也不會去強討，甚至根本就不把這件事放在心上。

這才是做人的格局。一個有格局的人，往往也是比較能成就事業的人。

前面說「不愛計較」可以培養，我們也可以從生活小事做起，舉例來說：

我和幾個同事出門吃合菜，好比總共 1000 元，三個人怎麼算？永遠算不平均，我就大方地說，這樣好了，你們每個人都出 330 元，我這邊出 340 元，這樣就不用算零錢那麼麻煩。

想想看，我其實只要多花 10 元，就可以換得「大方」的美名，這其實很划算啊！同樣的道理，應用在跟客戶互動上，也許一些小小的吃虧，反倒讓客戶覺得你這個人很大方。因此做成一筆生意。

當然，我們不去計較，不是刻意為了讓客戶有好

印象，這樣聽起來心機太重。我們不去計較，要變成自然而然的習慣。

　　這不論從事業務工作或各行各業，包括日常生活中與鄰里相處，也都是如此。

　　讓我們都可以成為心胸寬大的人。

成功心法：
心胸有多大，世界就有多大；
海納百川，所以滋養萬物。

閱讀雜誌，
時時吸收新知

"一個經常保有閱讀雜誌習慣的人，肯定會保
有好奇心。而好奇心往往是一個人積極活力
的來源。"

　　「知識就是力量。」這句話適用任何人，但特別適用在業務工作者。

　　以職業別來說，一個在工作崗位盡心盡力的公務員或上班族，憑著專業可以提升服務品質，但不會因此大幅提升自己的薪水。任何體制內的專業人士，包含工程師、醫師、程式設計師等，他們的貢獻值，也都有賴於知識的加持，然而雖然可以做出更好的研究，但以自身來說，收入報酬增加依然有限。

　　唯有業務工作者（包含創業當老闆也是一種業務），可以因為知識的提升，收入無上限。

　　然而知識的吸收，除了義務教育時期的養成。入社會後，就有了侷限，特別是業務工作者，往往行程忙碌，更難有系統的吸收知識。

　　這時候，定期閱讀雜誌，就成了很重要的加分關鍵。

知識是基礎，資訊是活用

　　談起閱讀，可能有人一聽到就聯想到讀書，立刻

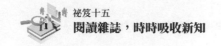
舉雙手作投降狀說：「饒了我吧！我從小就不愛看
書。」

但閱讀雜誌，其實不等同於看書。閱讀書本需要
靜心，好好一頁頁翻閱。相對來說，閱讀雜誌，是可
以比較彈性的。

包括你在等公車、等人，或者上廁所，隨手拿起
一本雜誌，也不需要正經八百的從頭開始翻閱，你可
以隨便翻開，找出自己有興趣的文章，也不一定要從
第一行開始讀起，若時間有限或者不愛閱讀，也可以
只掃描幾個重點。甚至，就算不讀內容，光瀏覽標
題，也都可以增進資訊。畢竟，雜誌的標題都會很清
楚的讓我們知道這篇在講什麼，標題可能就直接出現
「某某集團發生接班人危機」、「台積電本季產能比
去年提升 5%」等等，光看到這些標題，就能累積談
資了。

以我本身來說，影響我職涯發展很大的一個關
鍵，就是雜誌。當我還在念大一時，那年我一方面
開始投入打工，一方面也積極接觸各類行銷資訊，

我很早就開始訂閱各類型業務行銷雜誌，到今天依然如此，我也鼓勵我的同事們，保持閱讀新知的習慣。當別的學生看的是休閒運動刊物，我卻專注研讀《Marketing Week》雜誌、《哈佛財經》月刊、《商業週刊》等等。

例如之前章節也提過，我從學生時代就開始踏上業務之路，影響我很大的一個關鍵，就是某天翻閱某期 Marketing 雜誌，看到一篇專欄，介紹某個頂尖吸塵器銷售業務員，並且主動和他聯繫跟他學習。

而從那年到現在，我依然長年勤學不輟地固定閱讀雜誌。

這裡我要特別推薦的是《商業週刊》，以我從事業務銷售多年的經驗來看，《商業週刊》非常實用，他的內容不論是專題或專欄，都真的非常專業，報導夠深度，也都能契合一般中小企業主關心的議題，讓我拜訪客戶時，都很能促進話題交流。畢竟身為業務的我們要了解各行各業，熟悉各類話題，才能讓客戶感到溝通親切。

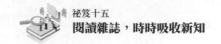
　　經常在社會上，我們看到一些成功的企業家，或者在某些領域卓然有成者，例如成為藍帶主廚或者得獎演員。看他們的背景，許多並沒有亮眼的學歷，甚至有人只有小學畢業，或中學時代就輟學者。

　　於是難免就有一種聲音，叫做「學歷無用論」。認為就算大學或碩博士畢業，也只不過是多了一張文憑。其實社會本身就是一所大學，與其耗費數年光陰在象牙塔裡，還不如早點進入實戰。

　　這樣的論點，部分對，但也部分不對。以我本身來說，我在念大二時察覺這不是我想走的路，為了提早接觸業務工作，當時就辦了休學，也的確讓我更早歷練社會應驗，對我日後業務銷售成績，帶來一定的影響。但同時間，我也不太鼓勵年輕人太早拋開學校課本，進入社會這個大染缸。

　　關鍵在於自己內心有沒有想法？

　　當年的我是因為對所念科系真的沒有興趣，所以選擇暫停學業。但如果一個年輕人，真心想在某個領域追求他的夢想，那麼學歷是重要的，重點不在那張文憑，而在於他能夠經由一個有效的體系，有系統、

有組織地，建構一門學問基礎。不論是工程、文學或者商學，只要心中有一定的方向，那麼擁有充足的學識是必要的。

說起來，很多的人提早入社會，背景其實或多或少有些無奈的因子，或因家庭因素或因經濟因素，像我這般純粹因為追求心目中道路而離開校園的，占的比率不多。而即便是我，在工作時間允許外，也會把握可以繼續學習的機會，加強自己的實力。

千萬業務必備的三種基本知識戰力

我認為身為一個業務，有三種基本的知識戰力：

●戰力 1：基本學術底子

有一種人，可能外型帥氣，口才一流，很有吸客魅力，但當跟他談起話來，卻可能發現：言語浮誇，沒有內容，所謂「胸無點墨」。當一個人沒有足夠的學習基底，那麼就算其他外在條件不錯，也難以讓其業務深入拓展。我們看到許多成功的企業家，可能原本出身低，但他們許多後來靠著自學，以及日後重回

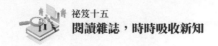
校園補足學分，所以他們雖不一定有正統定義的高學歷，可是卻有後天在社會這所大學自學的底子。

● 戰力2：關鍵反應能力

學習其實包含很多層面，許多人錯誤的觀念，將學習侷限在智育上，也就是說，考試得高分者，才是優秀人才。但學習還必須包含應變力、舉一反三能力、自主思考力等等。否則，知識塞滿腦袋，不會應用，只是個書呆子。一般企業愛聘用高學歷者，但也期望他們過往有社團及打工經驗，就是因為許多的「人生知識」是書本上學不到的。例如：面對不同的客戶，該如何隨機應變，講出不同的話？以及當參加組織培訓時，是否有快速吸收並結合實務應用的能力？

● 戰力3：與時俱進的能力

知識和資訊是不同的概念。知識，是學習的基礎，就好比一個連中文字都看不懂的人，如何閱讀中文雜誌？但知識可能是死的，或者只能做為根本應用，好比說知識教你九九乘法、教你微積分，但如何計算房價及稅務，可能要結合進階知識，以及充足資

訊；具體來講，就是政府公布的訊息、最新法規，以及整個時代的趨勢。

特別是必須了解整個時代的脈動，這很重要，而最簡單可以接觸這類資訊的方法，就是閱讀雜誌。有句話說「三日不讀書，面目可憎」，但我認為若一周脫離資訊，那就會和社會脫節。在客戶面前，你變得面目呆滯。那樣更是不好。

學識可能是過去式，畢竟，閱讀本書時，你可能已經畢業入社會很久了，但資訊絕對是現代式。

學歷不是勝敗的關鍵，但資訊絕對有影響力。這點是所有業務必須牢記掌握的。

持續增加自己的談資

閱讀雜誌的主要目的，其實是增進自己的內涵以及對大環境的敏銳度。而以業務實戰來說，則是當面對客戶時，你必須具備一定的「談資」。

什麼叫「談資」？這裡的「資」，指的是資源。表示當雙方交談時，一方面對話可交流下去，不會無

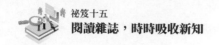

話可說變得尷尬，二方面，談話可以做為橋樑，連結專業以及閒聊。最高的境界，談話打進對方心坎裡，不只達成交易，並且還變成長期客戶。

談話是一種連結。舉例來說，為何許多人追女孩子很容易，許多人卻經常吃閉門羹？那不見得跟外貌有關，比起徒有俊帥的外表，女孩其實更喜歡談話風趣或者談話可以吸引她的人。這就有賴談資，畢竟談話不能一味瞎掰，總要有些真正的內容，這些內容不會自己生成在腦海裡，絕對要靠平日累積資訊。

跟客戶交流更是如此，特別是進入社交談判階段，也就是不能光在賣場介紹產品，而是約個好比說咖啡廳坐下來交談時。這時候，總不能你開口閉口都還是介紹商品吧！那樣真的非常無趣。

雖然每個業務談話的風格不同，正事與閒聊的比例不同，但絕對不會是百分百談公事，特別是華人，談生意前喜歡連結感情，也就是「感覺對了」才來簽約。甚至有的業務商談，可能百分九十時間都是閒聊，只有百分之十的時間談到主題商品。

這時候，談資不夠的人，有兩種窘境：

- 無法主動開啟話題：為什麼呢？因為這也不懂，那也不懂，怎麼開啟話題？到後來又是拿起自己的產品說明書，介紹自家的東西。那真是無趣沉悶到極點。

- 無法承接別人話題：這是最糟糕的情況，甚至原本對方都有意跟你簽約了（畢竟都已經約到咖啡廳坐下來談了），卻因為彼此言語不對盤，而暫時打消合作意願。例如對方談現在經濟狀況，你不懂沒意見；談雲端大數據，你不懂沒意見；談去哪裡泡溫泉兼賞花最有逸趣，你不懂沒意見……等等，那客戶不禁要想：「你到底懂什麼？對什麼事能發表意見？」

  平日就必須多累積談資。這裡也簡單介紹我的閱讀習慣，僅供參考。

不同於有的專家強調要博覽群籍，我本身比較建議的方式，卻是讀書貴精不貴多。特別是在如今知識氾濫的時代，我看過太多的朋友，看起來求知若渴般吸收資訊，但究其實，每個知識都只沾到邊，等到真正要用的時候，這也有點印象那也曾經接觸，可是終

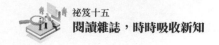

究都無法具體拿出來用。

我鼓勵學習，也是要聚焦。與其學一百樣東西，可是一樣都不會用。不如選擇一個標的後，就精讀。我自己身邊的書，許多都是一翻再翻，整本書都翻到爛，也確實把知識記到我腦海裡。當望眼書局裡新舊書籍汗牛充棟，我就只挑最好的。包括上課也是如此，許多課程好比心靈激勵課，許多人都愛循序漸進從初階跳中階到高階，但我反倒經常學到初階就先暫停，不是我不好學，而是我寧願把初階真的學到熟，等到真的已經悟透，我再來追求進階。因為我的認知，**去上課不是只為了取得一張證書，卻不能真正落實應用。我上課，就是要真正學到且用到。**

不論如何，開券有益。

一個經常保有閱讀雜誌習慣的人，肯定會保有好奇心。而好奇心往往是一個人積極活力的來源。

例如當我們常態看雜誌，了解一些企業界基本生態，到後來我們會主動去翻雜誌，因為我們會好奇，某某企業後來是否度過接班人危機？

到了養成閱讀雜誌習慣後，要讓自己變得比較有

系統的閱讀。我的建議：

● 依自己工作屬性以及興趣，固定訂閱兩三本雜
誌。

例如你是屬於 3C 產業，可能固定訂閱一本
3C 類型雜誌，一本商業期刊，再加上一本社
會報導刊物。如果你是在百貨業工作，可能訂
閱一兩本時尚雜誌，搭配商業期刊等等。所謂
興趣，則是你除了工作外，可能喜歡旅行，喜
歡登山露營，或喜歡看職棒等等，也可以訂閱
一本這類雜誌，讓自己生活豐富。

● 隨時主動接觸不同類型刊物。

以我來說，我固定訂閱的雜誌是《商業週
刊》，但我也知道，如果只專注在商業話題可
能視野也會有侷限，於是有機會逛書店，我也
會隨機翻翻不同雜誌，包括八卦類刊物，了解
某某女星狀態；時尚類雜誌，看看標題，最新
流行的趨勢是什麼等等。畢竟，未來會碰到怎
樣的客戶，我們無法預測，就讓自己保持在當

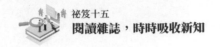

面對任何客戶都有話題聊的狀態吧！

資訊愈多，你將變得更有吸引力。任何話題都可以聊，自然任何業務商機都可以抓得牢。

邢益旺推薦書單

讀書貴精不在多，我也列出幾本被我翻閱無數次，針對業務朋友們，可以推薦的好書。
- 借力／大利文化出版
- 領導力 21 法則：領導贏家／基石出版
- 築冠以德，馬玉山的奮鬥故事／天下文化出版
- 富爸爸窮爸爸系列／高寶出版
- 有錢人想的和你不一樣／大塊文化出版

成功心法：
學歷不是勝敗的關鍵，
但資訊絕對有影響力。

notes

祕笈十六：
專注，聚焦一個事業

" 聚焦很重要，特別是對年輕人來說，從職涯起跑
點上就認清這件事，影響將來一生的成就。"

談起「聚焦」，其相反詞似乎是「多元」，特別是這些年來一個非常流行的術語叫做「斜槓青年」，加上種種的科技進步，讓雲端大數據運算、區塊鏈等專有名詞風行，整體看起來，好像一個人就要讓自己「網路數位」化，必須要讓自己很斜槓，相較來說，「聚焦」聽起來好像比較傳統，比較不那麼符合時代潮流。

　　然而，這也是任何時代的通病，許多人趕流行，卻不一定了解每個趨勢背後真正的意義。所謂「斜槓」，到底是什麼意思？難道就是代表一個人就要身兼數職、或者名片上印上很多浮誇的職銜嗎？

　　身為一個成功的業務，要跳脫這些迷思，真正做到聚焦，才能成就事業。

　　創業維艱，很多人光做一件事都未必能成功，何況要分心？

🏠 不成功的業務，因為心猿意馬 🏠

　　我從事業務工作以來，留意到許多的成功人士，

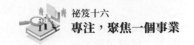

祕笈十六
專注，聚焦一個事業

都能做到聚焦。包含餐飲界的朋友，堅持把餐飲烹調做到最頂級；從事養殖的朋友，把這個領域做到最專業，全臺灣沒有人比他更懂。我從這些人身上看到的特質，也可以在大自然看到，例如水之所以穿石，就因為聚焦。我認識許許多多從事業務工作者，若能做到聚焦，最終就可以有一定成就，反之，就可能走向失敗。

要看一個人怎樣成功，讓我們先看一個人怎樣不成功？

我所見到經常不成功的業務，有各種典型，包括有人不敢邁出第一步，有人就是無法說服自己銷售就是一種分享，還有人總以不擅言詞為藉口，自己就給自己貼標籤說不擅業務。但如果一個人本身個性還算外向開朗，看起來也勇敢大方，但這樣的人為何也會變成不成功的業務，主要類型有以下兩個：

●**類型1、三分鐘熱度：*初始看起來興致勃勃，好像充滿活力，跟他講什麼都說「沒問題」，甚至要他立刻打電話給陌生人，他也毫不猶***

246

豫。但，一天過去兩天過去，如果發現沒有
「立刻的成果」。這種人就開始退縮，並且對
比極大，從極熱到極冷只在短短幾天內。初始
的熱情青年，轉眼變成低頭默默不吭聲，甚至
隔天就黯然離場。

● 類型2、太好高騖遠：他會說因為嚮往身為業
績王的那種榮耀，以及想要帶給家人幸福快樂
的那種責任感。所以願意努力從事。但實際
上，他似乎只想要追求成功的果實，卻忘了過
程需要耕耘需要流汗甚至難免也會受傷。因為
他只想明天就成功，若明天沒成功，可能就覺
得這是「錯誤決定」，輕易換跑道。

🏠 別用錯誤的斜槓想法，為失敗找籍口 🏠

而必須說，斜槓的觀念，更加強這樣的事發生，
也就是讓一個人更容易放棄，更容易跟現實妥協。

以下我整理了二個常見錯誤的斜槓想法，帶來的
內心影響：

● **錯誤斜槓 1：反正我可以懂很多東西，這件事做不好沒關係**。那就好像一個人可以同時賣房地產，晚上去便利商店打工，此外也自己在網路商城上架一些二手商品，自以為很斜槓，接著自我安慰。沒關係，我房地產賣不好，但我晚上打工有收入啊！商城也偶有進帳。

就是因為這些「自我安慰」，讓一個人無法成長。要知道，在房地產做出業績，跟在便利商店打工有收入，是兩個領域的收入概念，不可混為一談。**當一個人習慣逃避這領域的失敗，躲到另一個領域的懷抱，結果多年下來仍然收入有限，一事無成，卻仍沾沾自喜以「斜槓」來自我開脫。那他將繼續一事無成下去。**

● **錯誤斜槓 2：看到百業繁盛欣欣向榮，於是我這也想做，那也想做**。所謂「吃碗內，看碗外」。今天從事房地產業，但一週、兩週沒成績，看到小明在做生前契約好像收入不錯，於是跳槽去某某生命禮儀事業。然而活人的生意都做不好，何況做往生者？沒多久，又看到小

美在金融業，好像比較吃得開，於是又想轉換
跑道去推金融商品。心中總想著，反正斜槓精
神就是我要會很多東西，因此自我安慰說自己
跳槽，是為了學到更多東西。

但人生總不能一直「邊跳邊學」吧？

不論你在哪一行高就？是否有時候業績不順，或
挨老闆罵，就想著我如果換去某某公司是否會比較
好？

當你這樣想的時候，請注意：

**第一、每一次開始都是從 0 開始。你一輩子可
以幾次從 0 開始？**我本身鼓勵年輕人 30 歲前可以多
「滾」動，多嘗試。但滾動的目的，不是每件事都是
從 0 開始然後最終累積一大堆無效的資歷，滾動最終
目的還是要找到自己的志向。

**第二、如果當初讓你想要轉換的原因不變，那你
再怎麼轉換職場，問題還是依然在。**許多時候，人們
總愛怪這怪那，認為自己工作不快樂，都是「公司的
錯」，但一家如此、兩家如此、三家又是如此……難
道是「整個社會都錯」嗎？最終還是要回歸自身。你

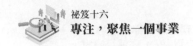
自己不成長，換跑道只是在浪費大家的時間。

特別是業務屬性工作，業務一定需要經驗累積，最後才能發光發熱，若業務在一開頭就放棄，那沒有一個業務領域是可以做成的。

🏠斜槓與業務的關係🏠

那到底什麼是「斜槓」？當我們有志從事業務工作，我們可以跟斜槓怎樣發生關係？

首先我們要認清兩個迷思：

●斜槓不是單指多工

也許有人把多工發揮到很淋漓盡致，成就不錯的事業，但那是特例。如果不了解斜槓本意，單單以為多工就代表斜槓。那就只是傳統兼差的觀念。如果是傳統的上班族工作，或許年輕多工者可以拓展一些視野，例如白天在企業當任行政助理，晚上協助家族賣場事業，並且也自己批貨經營小小的網路商城。

但一個業務人，如果今天號稱自己什麼都可以賣，買保險可以找他、買直銷商品可以找他、買黃牛

票可以找他、甚至號稱關係四通八達，想疏通什麼政
府單位都來找他。往往這樣像是「萬事通」的人，什
麼都不通。

你有看過哪個銷售冠軍，是「萬事通」嗎？

既然一個人一天只有 24 小時，一個多工的人，
只是把時間切分給不同工作，每個都做不精，也都無
法賺大錢，到頭來既累又沒收穫。

● 斜槓也不是單指多才多藝

一個人多才多藝，那當然很好。但別以為這樣就
是斜槓。如果這樣是斜槓，那其實從古時候就很多有
才華的斜槓人，多的是有人琴棋書畫樣樣通，到了現
代，也是有人白天經營事業，晚上可以拉小提琴登台
表演，同時還是暢銷書作家。

但對業務人來說，這樣的斜槓，也是種誤導。如
果單純只是想豐富人生，那很好，只要不影響業務就
好。最怕的是，本職業務沒做好，卻又讓自己的心飄
到其他興趣嗜好上頭。美其名說人生不該只有工作，
實際上，就是被業務的辛苦所打敗。

那真正的「斜槓」是什麼呢？雖然社會上針對斜

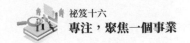

祕笈十六 專注，聚焦一個事業

槓有種種的定義，也沒有絕對的一個標準。但純以業務領域來說，**我認為，斜槓就是一種「以聚焦為核心的多工」，也可以說是「以聚焦為核心的多才多藝」。**

這聽來很矛盾。畢竟，斜槓感覺上不是和聚焦是相反的概念嗎？怎麼在此融為一體呢？

最好的例子，就是我本身。

我有一個專注的核心，就是「不動產」。

不管我人生其他領域，可能我假日會去釣魚爬山，私底下組樂團，或我是天文愛好者，但每件事如果不跟這個核心相關，那就只是生活多樣興趣，和我的不動產核心無關。相反地，任何事，若能與我的不動產核心相關，我可以透過不同形式來斜槓出我的成就，我的實際狀況：

● 我在不動產銷售領域，做出實績。

● 我後來轉入高端理財，背後也是跟不動產相關，因為我做的是高資產理財保險。

● 我有志做公眾演說，發表勵志成功學以及業務技巧，核心的項目依然是不動產。

●我後來投入公益事業，也將這樣的影響力結合
　我們的不動產銷售業務團隊。鼓舞夥伴們，一
　邊拓展業績，一邊也不忘做善事。

●包含我的生活美學、人生各種品味，也都植基
　於我在不動產累積的事業觀。

　有沒有發現？我也可以很斜槓：我可以是銷售
員、是理財分析師、是培訓講師、是公益大使，但每
個領域都彼此有正面影響，甚至環環相扣，這最終讓
我業務更加蓬勃。而我全部的斜槓，都聚焦在「不動
產」這個核心。

聚焦的成功人生

　聚焦很重要，特別是對年輕人來說，從職涯起跑
點上就認清這件事，影響將來一生的成就。所謂聚
焦，分三個層級：

●層級 1：志業要聚焦
　首先，當然志業要聚焦。也就是說，要賽跑前，

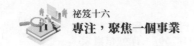

你至少要確認你要的跑道。我常鼓勵年輕人，30歲前可以多嘗試，所謂嘗試的目的，最終就是要聚焦。也許你發現你熱愛餐飲工作，也許你熱愛的金融商品，或者像我就願終身投入跟不動產相關的工作，這是一種聚焦。

一個人若工作時還在心猿意馬，那肯定因為還沒聚焦。如果一個人只是想先找個工作混口飯吃，那這樣的人又怎可能專心工作？就好像婚姻也是如此，只為了怕嫁不出去，勉強找個人結婚，結局往往非常不幸福。

如果你還是個年輕人，與其未來不快樂，請先找到你想聚焦的產業。

●層級2：工作要聚焦

當你選擇你所愛了，那就愛你所擁有的吧！好比說都已經確認自己想要從事不動產事業了，那麼接著就是專心把這件事做好。每個人都曾經玩過蓋撲克牌屋或疊積木，都知道那過程不容易，特別是紙牌屋，可能稍微一個風吹草動，一下子屋倒牌散，整個前面辛苦成果都白費。但業務工作，就是要這樣累積。你

總不希望去買積木遊戲時，店員已經把積木排好用黏膠黏住再交給你手上吧？如果不需要辛苦就直接拿成果，你的人生會快樂嗎？

從事業務也是如此，要聚焦在如何把這個領域做到專精。

＊不怕失敗，除非你聚焦在失敗。

＊不怕拒絕，除非你聚焦在拒絕。

＊不怕挫折，除非你聚焦在挫折。

只要不搞錯「焦」點，不懂就學到懂，是業務菜鳥，就讓自己成長業務高手，聚焦聚焦聚焦，你就會變成業務 No1。

●層級 3：人生要聚焦

只有當做好前面兩點，最後人生才能聚焦。以我來說，也許我總有一天要退休，可能不到五十歲，就可以累積我下半輩子夠用的財富了。但不論如何，我依然會是不動產界的業務先鋒，我是這領域的老師，就算七老八十，若有學校邀我演講，我依然可以侃侃而談不動產相關的種種，我可以聊不動產理財，聊高端投資保險等等。

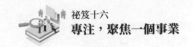

當一個人聚焦，也就是人生回顧起來，自己有一個很核心的典範領域，那人生就會無怨無悔。

聚焦在自己設定的市場志業吧！若你想要從事不動產，就立志讓自己成為不動產達人，想從事保險，就讓自己成為保險達人。不論 30 歲，或 90 歲，你都是達人。

成功心法：
把一件事做到最好，你就是專家；
持續把一件事做到最好，你就是贏家。

notes

祕笈十七：
反話行銷術

" 這世界上，誰是我們最信任的人？答案是
「自己」。最好的銷售，就是設法讓客戶
「自己說服自己」。 **"**

很多時候，銷售人員因為業績壓力或者太專注於自己的產品，在與客戶溝通時，會犯了一些難以彌補的錯，最嚴重的結果是：客戶就算喜歡一個產品，也決心不跟你買。所謂贏了戰役，卻輸了戰爭，就是這個意思。

舉例來說，銷售人員經常會犯的錯：

●無所不用其極想讓客戶掏錢出來，就算客戶說他沒錢說他有疑義，反正不管，就設法說服你買單，就算被對方嫌煩也不在意。這種死纏爛打式行銷，就是因為忘了，銷售的重點是要「帶給客戶滿意」，而非僅為了「賺飽業務自己荷包」。

●跟客戶不斷抗辯，客戶指稱你產品如何如何，業務則捍衛自己的產品到底，到最後客戶說你贏了，他說不過你。但那又如何？你口才很好，但客戶不想跟你下單。

業務銷售不是一味地強勢、口才好、把客戶講得無話可說才叫厲害。其實什麼都是次要的，能真正接到單，並且長期維持交易才是王道。

讓我們來分享如何透過較謙虛的方法，反倒可以取得訂單。

⌂銷售要植基於人性⌂

有句廣告詞：「科技始終來自於人性。」其實，人與人間交流，不論是談判做交易或者各種面對面銷售行為，更是植基於人性。也就是說，這世界上，不是人人都依照「理所當然的邏輯」走。好比說，某甲和某乙賣的是同樣的商品，某甲的東西較便宜並且還有精美包裝，某乙東西賣比較貴但是他對客戶很禮貌。理論上，基於經濟效益應該跟某甲買，但實務上，很多人卻選擇跟某乙買。

有時候，站在人性面前，許多所謂效率、經濟實惠、最佳算盤等等，都不一定有用。因為人不是完全理性的動物。甚至有人就只因「一時高興」願意買下一個平日用不到的東西。

怎麼抓住「人性」呢？其實最簡單的方法，就是以「自身」為例。想想自己當碰到以下情況，你自己

若是當事人你會怎樣反應？

● 假定今天，我站在一個人面前，表情很驚豔般
  地說，唉啊！陳先生，你今天這一身行頭真的
  非常好看，搭配你俊帥的外表，真的一看就是
  人中之龍啊！被這樣稱讚的陳先生會怎麼回應
  呢？
  他多半就會不斷搖手說，沒有啦沒有啦！你過
  獎了啦！我只是普通的穿著，我不是帥哥啦！

● 反過來的例子，今天我站在一個人面前，皺著
  眉頭說，陳先生啊！你也太不會穿衣服了吧！
  穿這樣很不搭，讓你看起來很土。
  被這樣酸的陳先生會怎麼回應呢？
  他一定內心不高興，同時會不斷抗辯，穿這樣
  哪有不好，我覺得這樣不錯啊！是你眼光有問
  題吧！

　這正是人之常情。當說他好，他反而會因此謙虛
的說自己沒那麼好。當指責他不好，他則為了維護自

己，會傾力的和你對抗。

在和別人談自己時也是如此，好比你在賣衣服，不論那衣服真的有多好，當你不斷強調自家商品有多好，終究對方還是難免抱持著：「反正你就是老王賣瓜，自賣自誇」吧！反倒，你若比較保守的介紹自己的商品，客戶反而會想幫你講話。當然，也不要太誇張，畢竟，你是來賣東西的，你若故意講自己商品多差，那客戶為何要跟你買東西？

反話行銷，就是植基於人性。在適當的時候，懂得放低身段，把話語權轉給客戶，表面上你自退一步，實際上，卻引來客戶更進一步，讓他們更願意接觸你的商品，有助達成交易。

具體來說，怎麼應用呢？後面讓我們用實例來說明。

順應人性的銷售對話

曾經我負責新莊地區的一個新蓋建案，當時每坪售價約五十多萬。客戶來自不同地區，包括來自台北

精華地段大安區的住戶。

　　以那位來自大安區的客戶為例，正常來說，當客戶邊看屋邊批評：「你們這裡的房子怎麼賣那麼貴啊！新莊這裡那麼偏僻，價格這樣太貴了吧！」那麼接待的業務一定會跟客戶說：「這位太太您這樣說不對，我們這裡其實不貴，其實我們的物件非常物超所值。」

　　但當這樣講的時候，第一，當你說這位太太「不對」，你已經和她站在「對立面」了，你跟她不是銷售服務關係，變成是正反雙方的辯論關係。第二，如同前述，人性是會為自己抗辯的，你愈反駁對方，對方只會想要捍衛自己的說法，繼續和你對立下去。

　　這樣下去怎可能成交呢？

　　而我的做法。當聽到那位客戶的批評。我是這樣和她對話的：

　　「對啊！我們這邊價位是比較高，是很精緻的高檔物件，對了，林媽媽你以前住哪個地區啊？」

　　「原來是大安區喔！哇！高級住宅區呢！大安區那邊的新房子應該每坪有個七、八十萬吧！」

聽到我的回應，林媽媽有些激動的說：

「怎麼可能只有七、八十萬？告訴你，大安區連舊房子每坪都要一百萬了，新房子甚至上看一百五十萬。」

我於是順勢接她的話：「對啊！你們那邊舊房子每坪就要上百萬，我們這才五十萬，並且是高品質建設公司出品的全新鋼骨大樓，其實也不貴啦！」

也就是說，我其實本來就知道大安區行情，但刻意講出一個很低的數字，讓「她自己」出言反駁，然後導引到，其實我們的房子是相對便宜的。

客戶第一次看屋留下印象，可能回去還要考慮。身為業務的我們一定會做追蹤，這時候也是要透過反話行銷。

舉例，林媽媽看完房子要回去，我送她去停車場，繼續跟她聊：

「林媽媽，感謝妳來看房子。不過我在想，妳一定不是真的想來買這裡吧！妳看，相對於台北都會中心交通那麼方便，生活機能那麼好，我們這裡相對生活機能較差，跟大安區差得遠了，其實我有點好奇妳

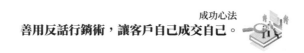

為什麼想來這邊看？」

當我說自己「不好」，大力稱讚客戶那邊的好。這時反倒是林媽媽要來「反駁」我的謙虛了。她說：「我們那邊生活機能是很好啦！但住舊公寓要爬樓梯，人老了這樣很累。要退休了，我想要住在比較高檔舒適、公共設施齊備、但價格又可以接受的房子。」

賓果！透過林媽媽自己的話，我就知道，她在意的點，如此，我就可以在這方面多著墨。例如既然她很重視公共設施，我就順應的她的思緒，跟她「同一陣線」，講她的語言，我說：

「對啊！妳說的不錯，我們這裡公共設施很好，有游泳池、有 SPA，並且全家人一年四季都可以泡湯。真的是最適合妳了」

反話行銷，不是故意講反話貶低自己的意思，我們不刻意貶低自己，但重點在於，讓客戶覺得是「她在表達她的意見」，最終購買也是因為她自己「肯定」我們的產品。

　　**請記住，這世界上，誰是我們最信任的人？答案
是「自己」。最好的銷售，就是設法讓客戶「自己說
服自己」。**

🏠讓客戶自己說服自己🏠

　　反話行銷，是一種詐術，一種欺騙嗎？

　　當然不是。

　　第一，我們並沒有刻意造假。我們謙虛，但我們
沒有虛構事實，我們只是從不同層面來表達商品的特
性。

　　第二，我們也沒有對客戶不誠信。我們讚美客戶
的好，但對自己的商品說明，也都是基於真實。

　　以下再舉一個例子，說明我們既可以稱讚別人，
但也同時讓自己的商品得到肯定。

　　我一個朋友是從事營養保健食品銷售，當她和客
戶做說明時，她不會一味地總是表達自己多好：「我
們家的品牌，經過嚴格認證，品質優良，信譽卓著，

比其他家的產品都要好太多。」

　　若她這樣講，就只是典型的自家說自家好。可是基於人性，你愈標榜自己好，客戶心中還是一定有質疑：「妳說的是真的嗎？反正壞的妳也不會講。」

　　但我朋友介紹商品的方法：

　　「我們這個商品，已經被證實營養吸收力高。其實市面上，我們看到的幾個知名品牌，例如安Ｘ、雙Ｘ的產品等等，我也認同她們的產品，都是對我們健康有幫助的。我建議只要對我們身體好的產品，都可以多採用。但比較起來，我們還有一個特色，那就是得到奧運指定認證且是純天然的，我個人是覺得，有認證，『安心』最重要，您說呢？」當她這樣講的時候，她沒有去貶低其他家品牌。給客戶的感覺，就是她這個人講話比較「實在」，比較「客觀」。

　　其實最終她還是講自己的好，可是客戶比較願意接受她的說法。她帶給客戶好感，業績也因此提升。

　　這也是一種反話行銷，也就是刻意去提到別人的好，再結合到自己的好。這符合人們的心理，很多業

務，不懂適度謙虛及低調的重要，其實有時候，當我們稍稍降低自己位階，反倒讓客戶更願意認同你。

再以賣保險為例。我時常透過反話行銷，讓客戶自己講出結論。

舉例，陳太太想跟我討論是否該買儲蓄險。我其實大致了解，她是對退休有所擔心，覺得自己孩子及先生可能無法依靠。

然而，一開始對話，我和她聊天先稱讚她：

「陳太太！我們本來退休都要有錢花，但我想妳的子女都很優秀，也都那麼孝順，他們未來應該都會給妳很多錢花，妳自己都不用擔心了！」

當我這樣講時，她就會自己透露：「其實我小孩哪有孝順？整天都把我當提款機跟我拿錢，我才不想靠他們！」

或者我會說「妳先生一定會對妳很好，妳嫁到好老公，未來都不用擔心了！」

這時她也許會反應，其實她先生對她不好，她甚至想要離婚了。

基本上，我們和客戶溝通，絕對要講好話。就算明知道她婚姻有問題，也不要由你來說，要她自己說。錯誤的範例，就是一開始就跟陳太太說：「唉啊！妳們家先生跟妳不合子女又不能依靠，妳要自己多存點私房錢養老才是啊！」

當你這樣說的時候，反倒她會抗辯：「不會啊！我先生其實對我不錯，子女也常孝敬我。」畢竟，每個人都有自己的「面子」問題，你這樣直接說她家不好，那她當然要自我保護。

這樣客戶和你就有了對立，銷售，就變困難了。

同理，跟任何客戶溝通都一樣。不管對方講的話是不是對我們批評，或者你知道客戶背後有哪些缺點。我們都盡量要往好處切入，先順著客戶，「站在他那一邊」。至於缺點、壞處……等等，就由客戶自己講吧！

最後再舉一個實際案例。有人也是要看屋，他來自桃園，之前已看過三重、板橋……等地區的房子，現在來看新莊案例，如果是你來接待，你要怎麼回應

他的需求呢？

　　想想桃園、三重、板橋，這些地方跟新莊有什麼相似及相異的地方。記住，先想優點，並努力地先認同客戶。

　　「林大哥，感謝你來看屋，其實你原本住桃園很好啊！是透天厝耶！陽台可以看見大自然，後面還有院子，我都想去住那兒了。」

　　反話行銷就會刺激對方自己講自己的缺點：

　　「的確桃園房子比較大，但孩子長大了，想讓他來台北念比較好的學校啊！但台北市中心太貴了，所以想在新北市捷運沿線看看！」

　　「之前看過哪些地區呢？板橋喔！板橋其實不錯啊！」

　　「那裡是夠繁榮啦！但車太多房價也相對貴。」

　　「後來又看過哪裡？三重喔！三重也離台北市很近，交通很方便啊！」

　　「三重我感覺市容太亂了，我不喜歡！」

　　就這樣，好的都由我們來講，來稱讚。壞的讓客

戶自己說。等客戶自己都推翻他那些板橋、三重的選擇，這時你再來講新莊的優點，就更容易切入。

記住，我們沒有說謊，我們會依然誠實告知，新莊可能相對來說生活機能比較沒那麼好，但當你這樣說時，客戶反倒替你辯解：只要捷運方便，這裡未來肯定會繁榮，趁現在房價低時買不是比較好？

當客戶自己都已經說服自己了，銷售又有何難呢？

成功心法：
善用反話行銷術，
讓客戶自己成交自己。

祕笈十八：
避開人生三大失敗原因

" 缺乏目標、對自己不忠實、善於為自己找
  藉口。"

千萬業務的 18 個成功祕笈，做為壓軸的是哪一個呢？

不論前面學了多少觀念技術，最終，仍舊要回歸到自身。一個人可能懂很多東西，但如果不敢用、不願意用，或者一碰到挫折就退縮，那樣所有學習就依然是白忙一場。

其實，對每個人來說，成功主要是一種「心境」，那有如內心一片厚實的土壤，任何時候，好的土壤在，就永遠可以有孕育出豐碩果實的機會。好比某個企業家原本事業有成資產千萬，後來因仗義助人，反倒被朋友牽連破產，從富裕變為負債。然而只要他原本那個「成功的土壤」依舊在，那麼就算從負數開始，幾年後，他依然可以再次成就一方霸業。

特別是業務工作者，我們每天碰到的挑戰更多，更需要有堅實的「內心土壤」，具備好的心態，不怕困難。最終，如何讓業績銷售長紅，靠的不是「每次都成功」，而是「不要被失敗打倒」。

讓我們先來認識失敗的原因。

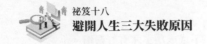

在我的團隊，也經常看到有的新人，一開始就表現出失敗者的特徵。

有夥伴用看起來很認真的語氣跟我說：旺哥，我從下禮拜開始，要認真進公司好好打拚，我一定要重新振作重新開始。結果呢？到了下週一，又看不到他人了。這種人表面上看起來很想要，但就是永遠行動跟不上。

也有新進夥伴，我苦口婆心交代，他們要錄下他們的話術給我，聽完後我會給予建議。結果也是：前兩三天還有模有樣的錄音，到後頭又沒了。一個簡單的要求都無法持續，要他出席，就有各種理由，要他做作業，就不斷拖延。這樣的人怎麼能成功？

我們可以發現，不論各行各業，甚至包含學生都一樣，成功有各種方法，但若問失敗的原因，卻都差不多。

不論是業務員業績不能達標、上班族無法完成老闆交辦任務，或者學生課業成績無法達到基本標準，都跟以下三個失敗原因有關，這三個原因彼此也是息

息相關的。

🏠失敗原因之一：缺乏目標🏠

　　這是失敗最基本的原因，但當有機會和年輕人聊天，你會發現，缺乏目標這件事，非常的普遍，甚至就算已經三、四十歲以上的中年上班族也一樣。舉例來說，我們可以在捷運上問一個準備上班的人，你將來要做什麼？有者會說他要再想想，有者會說將來要當大老闆，但問他如何當大老闆？所謂大老闆的定義，是否已經在心中有個藍圖？往往都說不出所以然來。

　　許多人有個誤解，把「願景」「夢想」跟「目標」混在一起了。例如人們憧憬有錢人的生活，想要住豪宅開跑車經常性的擁有浪漫度假。問題是，這樣的生活誰不想要呢？但這不是目標，這只是憧憬。當然憧憬有助於建構目標，可是如果只是渴望只是羨慕，那就只是個連自己都不相信會達到的「他人的世界」，這樣的渴望羨慕，甚至連夢想跟願景都不算。

　　目標是如此的重要，人們也不是不知道，只是日

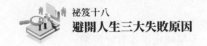

常生活中，太多人沒有建立中長遠目標的習慣，頂多只追求今天的目標，甚至那也不算目標，只算「待辦事件」。例如今天下班前要把老闆交代的企畫案完成，回家要繞路去超市幫老婆買沙拉油等等。

沒目標，就不曉得去哪裡。一開始就沒設定要往致富或高業績的目標走，當然後來人生就持續平凡下去。

追求成功就像射擊，而射擊要先畫靶，靶就是目標，有了靶，就算沒射中紅心，也可射到靶的範圍。設定的目標，初始先不用太大，不是看完本書，就貿然宣示今年我要業績達到三千萬。但要真的啟動練習，讓自己開始有目標。

所謂目標不是只有金錢財務導向，而要更多元，我的建議例如：

目標 1、事業及工作目標

設立像這樣具體的業績目標：「我今年要做到100 萬 FYC 的業績，讓自己晉升襄理。」、「我要拿下新北產業園區至少五家公司的訂單。」

目標 2、健康目標

例如：「我今年要讓身材維持標準，因此我每週
要開始養成３次路跑及上健身房習慣。」

目標３、家庭及人際目標

　　這個十分重要，因此一定要寫下鼓勵自己達成，
例如：每月至少帶父母吃一次大餐，每週再忙也要找
一天專心陪孩子散步聊天……等等。

目標４、旅行及學習

　　讀萬卷書不如行萬里路，旅行也要有目標，以我
本身來說，我設定一年出國六次，並且其中至少兩次
要帶著家人一起。一個社會新鮮人可能財力還在累
積，那可以設定每年至少上幾次講座，以及國內深度
旅行至少四次等等。

目標５、社會及人生願景

　　我本身會常態參與慈善公益活動，也經常關心有
關如何幫助弱勢的訊息。我知道取之於社會，用之於
社會，賺錢絕不忘回饋社會。當然，年輕人可能財力
不足，但也可以設定一些簡單不需要大筆資金就可以
做到的，例如擔任志工，去幫助孤兒院等等。

　　設定目標，是避開人生失敗的第一步，少了這一

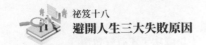

步，人生就只是得過且過，連品質都談不上，更別說
是成功。

⌂ 失敗原因之二：對自己不忠實 ⌂

人生要設定目標，這是基本要求。但其實很多人
看似有目標，甚至也把目標寫出來了。但終究人生還
是看起來一事無成。為什麼呢？不是因為目標太小，
我認為目標再小，只要能夠達成，人生還是有所成
長。真正的問題還是出在：他們的目標，只是「寫好
看」的。也就是，他們的人生，不是「玩真的」，這
就是對自己不忠實。

我們可以問問自己，是否每年春節，都會「立大
志，設目標」，好比今年我要減肥、我要收入成為百
萬，我要買到心目中想望的房車等等。

但為何年復一年沒有達成？例如減肥這件事都已
經喊了 5 年了，但年年依然故我，反正看到美食在眼
前就絕不會客氣。

口號式目標如此的氾濫。遠因可能是因為整個社

會氛圍如此，像是許多政客也愛高喊某種口號，卻也
大家心知肚明那些永遠是空頭支票一樣。

但政客就算對於國事愛喊口號，至少他們自己的
人生，有一定的名利成就。

而我們平凡人，如果也只把目標當成每年年初行
禮如儀的口號，那損失的是我們的一輩子。

關於對自己不忠實，很多人可能自己身處其中，
卻還不知道自己有這樣的壞習慣。

舉例來說，假定某個人想要減肥瘦身，設定的目
標是從 100 公斤，減到 70 公斤。具體的作法，包括
運動及飲食，也都列入計畫。但後來這個人失敗了，
為什麼，有三種狀況：

狀況 1：訂了目標，沒去執行

這是根本性的不忠實，目標只是說說，連嘗試都
不嘗試，他可能會一再地說「從下週開始」，後來又
改成「下個月開始」，一延再延，目標流於空談，等
於自己欺騙了自己，也讓自己養成因循苟且的壞習
慣。

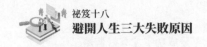

狀況2：訂了目標，無法持續

他可能真的去跑步了，但是只跑了一個禮拜，就覺得太累了，心想「反正我嘗試過了」，於是小小自我安慰後，就放棄了自己設定的目標。

狀況3：訂了目標，但沒做到位

這回他真的每天去跑步了，也把跑步這件事列為每日常態行程之一。然而，幾個月後，他減肥瘦身依然沒有成效。為什麼呢？因為一方面他繼續跑步，但一方面他每天還是大吃大喝。訂計畫了，卻沒執行到位，結果依然是功虧一簣。

所以失敗的狀況1到狀況3，基本上是一體的，追根究柢，就是第一步定位目標時，根本就是「假目標」，既然一開始就是假的，後來也不用忠實去履行。

要成功，就要避免再次淪入這樣的自我欺騙輪迴，不要再「騙自己」了。從從今天起，不只定目標，並且你要打心底相信，你是「真的」要如此，你是真的想年收達到百萬，真的想追到社區那個美麗的女孩，還有，你是真的想減肥。

因為是真的，當你看到美食在前，你就會停下來

想一想，今天已經進食多少卡路里熱量了。因為是真的，當你都已到月中，這月業績卻仍離目標還有段差距，你就知道要改變策略，全力衝刺。

因為你的目標是真的，你對自己的人生也當真。於是你才能真的動起來。

如果你目標設定了，也真的當一回事去追求。後來卻仍無法達標，原因就是卡在第三個關卡，那就是善於為自己找「藉口」。

🏠 失敗原因之三：善於為自己找藉口 🏠

有人以為，真正關卡應該是「失敗」吧！碰到失敗所以才不能達標。實際上，不要自我欺騙了，沒能達標，就是因為為自己找藉口。舉例來說，當你的孩子有發燒感冒症狀，你趕緊送他去醫院，卻發現這家醫院今天休診，你會因此說「算了，改天再看」嗎？不會的，就算要驅車去到鄰鄉，甚至三更半夜要去大都市掛急診，你都會想盡辦法達到目標。

但落實在生活上，人們標準卻大幅降低了。業績

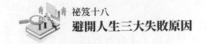

沒達標，因為大環境景氣不好，反正「大家」業績都不好；減肥沒成功，因為我的體質不容易瘦，反正我「盡力」了，總不能叫我餓肚子吧！

標準為何降低？為何輕易地可以說服自己放棄呢？某個角度來說，這也算對自己不忠實，但比第二點強的是，最初你也是想達標，你設定一個目標，也認真去追求了，只不過後來碰到了挫折，讓你的心動搖了。

可能連續拜訪五個客戶，你都吃了閉門羹，因此動搖了。可能也曾試著吃一兩天清淡飲食，但實在受不了第三天破戒了。總之還是有個努力的過程。但即便一個人做了努力，如果沒有花時間去檢討改進，最終就讓自己被失敗打敗，結局依然是讓自己有個藉口可以放棄。

舉例來說，你設定目標，要追求心目中理想的佳人。你也明確找到目標，她是你公司附近的一個百貨店店員，於是你化為具體行動，第一你經常出現在她面前，讓她知道你，第二你為了表達愛慕之意，想要

每週都送她鮮花。

結果第一次送花她就拒收了，所以你失敗了嗎？

其實這時候放棄，就仍犯了替自己「找藉口」的錯。請想想，對方為何拒絕收花？

● 可能時機及場合不對

因為她還在上班時間，送花到她店裡會害她被老闆罵。

● 可能產品不對

她可能對花粉過敏，但你不明究理，送花帶給她困擾。

正確做法，至少應該去做個調查，好比透過共同認識的朋友，了解到她的喜好，原來她不愛花，但喜歡巧克力。而可能後來改送巧克力後，她仍拒絕，再次去調查，原來她的確喜歡巧克力，但這陣子正在減肥。

以上，**這個流程就叫做「檢核」，有了檢核找出問題點，就可以據以做為改善依據。就這樣一試再試，不需要碰到挫折就裹足不前。沒有藉口，不輕言**

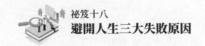
放棄。

回歸到業務工作上，更是如此，如果以「被拒絕」來說，那業務朋友們碰到被拒絕的頻率太高了。動不動就放棄，那就無法做出業績了。

因此，守住「不要失敗」的第三個關卡，非常重要。試著不要再找藉口了。失敗就失敗，但你要接著再嘗試，不要失敗個幾次，就開始為自己開脫，這樣你輕鬆得了一時，卻換得落入平凡無長進的一生。

沒有堅持「非要不可」的目標，就不是目標。

成功心法：
成功是一種習慣，先有好習慣才會成功，不是成功了才有好習慣。

成功是一種習慣，先有好習慣才會成功，不是成功了才有好習慣。

notes

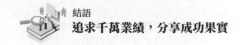

結語
追求千萬業績，分享成功果實

　　成功總有好方法，我不敢說我所提供的 18 祕笈就是最標準的業務必勝答案，但僅以自身多年的實戰經驗，並且我平日在培訓業務團隊時，也都採用本書所列的方法，確實幫助很多的人跟我一樣取得業績成長。

　　最後，我想談談分享。我認為愈願意分享的人，愈能成就卓越。這也是本書出版的一個重要動機，我想藉由分享幫助更多的人。打造創業共好的社會氛圍。

　　這裡我分享我的一次演講內容。那是 2013 年我第一次成為全遠雄業績 No1 時的受獎感言，雖然至今已時隔多年，但當年的話語，依然是如今我願與讀者分享的真誠心聲。

　　當初能夠加入遠雄這個大家庭，成為銷售團隊的一員，我感到非常榮幸，也知道我還年輕，還有很多的事情可以學習。

　　當年我第一個在遠雄銷售的建築個案，叫做遠雄京都。初期的預約賞屋，在總共有兩百多戶預約中，我一戶都沒去預約，當時我還不了解公司的預約文化。心裡想著的是，反正預約應該也沒什麼用，等正式價格出來，我再來努力賣就好。沒想到，後來預約轉訂率竟然高達七成，而我卻一戶都沒有。那時候我才了解，遠雄品牌那麼被客戶認同及肯定，後來我就開始不斷調整及努力，期望自己後面可以做出好成績。

　　2011 年我順利拿到當年最佳新秀獎，也就是俗稱的新人王，第一次在 SAP 表揚大會接受表揚，感受到無比的榮耀，也建立往後要更認真打拚的使命。

　　2012 年是我持續學習成長的一年，上半年主要是學習豪宅銷售模式，下半年是歷練更扎實的案前準備工作。以此為基礎，終於在 2013 年我的業績正式

大放異彩。更重要的，讓我學習到團隊及組織的重要性。

記得那年年初，我給自己訂下一個目標，每個月要做到一億的業績。以建築業整體一般業務的表現來看，成績優秀的業務，大約一年業績是台幣3～4億元，公司在年初給同仁們的每月業績目標，也是設定在3000萬元。但我卻要挑戰高難度目標，依照我自己的設定，那一整年下來要做到台幣12億元。最終，我和我的團隊，也真的做到了。

其實想想，「12億元」看起來數字很大，但若分成12個月，每月追求一億業績，則相對沒那麼困難。我永遠不忘上級長官的教誨，他們總告訴我組織合作跟團隊合作重要性，單一個月做出佳績不是重點，重點是要連續12個月都維持這樣水準，那麼，就絕對有賴團隊合作模式。

具體的做法就是，當我有好的客戶，我不會只想一個人獨霸業績。我反倒會想著，針對不同客戶屬性，該找哪個同仁共同搭配比較好，我們的模式，都

是團隊共同服務客人。甚至若有哪個夥伴當月業績較差，我也會特別分享客戶給他，讓大家都能有不錯的業績。我們的工作氛圍，就是有福同享，大家共同創造美好的成果。

就因為這樣，我們不但目標達成率高，並且有高達八成的客戶，都還會透過轉介紹等方法，持續和我們保持關係。因為他們信賴我們的服務，這讓我們彼此關係更加美好。其成果就是，我整年真的達到台幣12億5600萬元的業績，這其中有10億的業績，是和同仁共同合作而成。每一戶都是二分之一、三分之一、四分之一的業績比例。每一戶分下來則是500萬元、1000萬元、2000萬元……如此一點一滴累積起來的。

我們一起經營客戶一起合作，各自扮演不同的角色，慢慢做出成績。我自己總共做了台幣12億5600萬元的業績，但我參與成交的個案，總共業績高達26億5000萬元台幣。

我絕不是業務能力最強的業務員，但我絕對是最

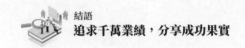

樂於分享、最喜歡團隊合作的業務員。

　　如果說，年紀尚輕，仍有諸多地方需要學習的我，有什麼可以和大家分享的，真的，就是這麼一個觀念：團隊合作，與人為善，自己也會變得更好。

　　感恩閱讀本書的每位朋友，也衷心祝福每個業務工作朋友，都能早日達到千萬業績報酬的目標。

附錄一
簡單認識資產保險

　　談起保險，一般人的觀念主要仍聚焦在健康險或壽險。基本上，現代人應該都已經有「風險規劃」及「保障將來」的基礎概念，然而關於保險的另一個層面就比較少觸及，那就是：資產的保險，也就是錢的保險。

　　簡單來說，保險有兩個市場。

　　一個是「醫療保障」的市場。

　　一個是「資產儲蓄」也就是錢的市場。

　　所謂保障，就是預防萬一。像我們每個人多多少少會買醫療險、實支實付險或癌症險，都是預防萬一的保險，我們知道那筆錢很重要，但是不是想要？人人都不想要，畢竟沒有人想要罹患癌症，寧願保費繳了卻用不到。

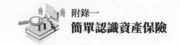

　　雖然這市場很大，人人都需要。可是金額其實是有限的，在臺灣，就算從孩子出生就投保，以保額來看，小孩子一年保費三萬元台幣，成人一年保費五萬元台幣。大約針對保障部分已經很足夠。

　　但是人不一定會生病，也不會希望發生意外，但人一定會變老。

　　老，就牽涉到退休以及退休的品質，此外，老，當然也牽涉到將來遺產分配時，是否合乎你的意志？以下舉一個案例：

　　一對夫妻，沒有子嗣。他們都很會賺錢，夫妻各自都有一億以上的身價。逐步走向老年，有一天先生不幸過世，假定他還遺留有一億的遺產，理論上，繼承人是誰呢？一般人可能以為當然是妻子，實務上，依照民法，還是有繼承順位問題，遺產並非配偶全部拿走，可能依照第一順位配偶跟子女，第二順位配偶跟父母，到了第三順位是配偶跟兄弟姊妹。結果，那一億元，妻子只拿到 5000 萬元，另有 5000 萬元要分給其實可能早就沒聯絡的先生的兄弟姊妹。

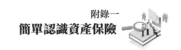

　　妻子的心裡雖不甘心，但又能如何？

　　但如果她的丈夫生前就懂得透過資產保單理財，就可以藉由資產保單規劃，生前每個月領錢當退休金，當過世後，保單的受益人寫給太太，那一億元也就都是給太太，不用再分給其他關係較遠的親族。

　　這就是關於金錢的保險，透過這類保險，錢不想給誰，就可以透過指定的方式給想給的人。

　　這其實是一個很大的市場，畢竟如前所述，以壽險保單來說，一個人若要保障自己，一年保費五萬就很足夠。甚至，如果一個人本身就是億萬富翁，那健康險相對來說就比較沒意義，例如理賠額是台幣 300 萬元好了，對億萬富翁來說，他本來就不缺這 300 萬元。

　　可是財富管理面就真的有需要。特別是因為民國 101 年開始實價登錄、民國 105 年房地合一稅、民國 106 年遺贈稅調高一倍……等等資產保險。這個市場，是下一波的藍海市場。

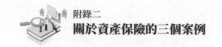

附錄二
關於資產保險的三個案例

　　以下分享的，是在過往在保險市場上，許多人沒注意到的資產保險。

　　● **案例一：婚姻不合，將遺產指定給親生子女**

　　從事保險工作，難免會跟客戶提到生死之事，以及更現實的一個層面：討論有關離世後資產的處置。這是人生必然會面對的，我們也都會客觀地和客戶專業提報這方面的議題。

　　以下這個案例，是一對共同創業幾十年的夫妻，因為彼此理念不合，雖然雙方都已年過 70 歲，但衝突日劇已有了離婚的念頭。

　　這個客戶我稱她為陳姐，她在幾十年前，嫁給這位夏先生。那時為了愛情，過程還有些轟轟烈烈，因為那個夏先生本身離過婚，還有個 5 歲的兒子。即便

家人強烈反對，後來她倆依然結婚，並且兩人打拚奮鬥，也白手起家創立很成功的事業，兩人的資產都很可觀。

陳姐與夏先生後來又生了個女兒。但隨著雙方年紀愈來愈大，夏先生擔心未來遺產稅繳太多，於是他有重男輕女的私心，想要日後把家產都留給他跟前妻生的兒子，並且私底下偷偷將許多財產過戶轉移給這個兒子。這也讓陳姐覺得很不受尊重，二人開始吵得不可開交。

那時我拜訪陳姐，她正在煩惱財產問題，她心中的想法，當她未來離世後，自然要把自己的財產遺留給她女兒。但我就告訴她，可能無法如她所願。因為依照民法，將來她的遺產，必須有一半是分配給先生。

聽到此，陳姐堅決說她絕不想這樣。

那有什麼解決方案呢？

我的建議：

請她幫自己做一個資產保單，每年搬個台幣 100

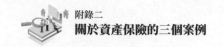
萬元,那麼十年下來就會有 1000 萬,並且這些錢,每年還會有還本金當退休金。等將來有天蒙主召寵,依據當事人保單,上面寫的受益人是自己女兒,那麼她的遺產全部都會留給女兒,夏先生一毛都拿不到。陳姐聽了很高興,就保了一個每年台幣 100 萬元 10 年期的資產保單。

對業務朋友來說,本案例還有一個重點。雖然上面我簽了一張總金額超過千萬的保單,已經金額很大。但當然後續業績仍不只如此,因為這個陳姐事業仍在進行中,她名下也有其他資產,例如再隔沒多久,她處理掉房子,又得到一筆現金,也是要透過保單來保護自己財產。

也就是說,資產市場沒有上限,透過資產保險,業務朋友只要肯努力,未來「錢」途,絕對不會愁。

● 案例二:傳承規劃,保護自己女兒的未來

童醫師和童媽媽,他們倆個也是白手起家,建立了自己的獸醫院。由於具備專業加上肯打拚,此外,當初購買醫院的地點,也眼光獨到,後來地產增值不

少，後來又陸續置產，總之，他們是有一些資產。

這對夫妻的狀況是，他們雖尚非銀髮族，但步入中年後期也必須規劃財產的處置，他們沒有兒子，但有兩個女兒。大女兒還好，也是學習醫理相關，是個護理師。但二女兒比較讓兩老擔憂，因為她生下來就是自閉兒，需要人家特別照顧。

當兩夫妻來找我談論資產配置時，他們擔心的是若有朝一日，他們撒手歸天，留下的遺產，分給大女兒的部分，將來若遇人不淑，甚至碰到心懷不軌的男友，可能最終那些財產就給壞男人占到好處。

怎樣避免那種很像連續劇上演的覬覦家產情節呢？

我的建議：

兩老可以針對自己的孩子，規劃每年台幣220萬元的資產保單。也就是說，把財富都鎖在保單中，成為女兒的私房錢，她未來的老公，相對比較難以知道也無法運用這筆錢。因為若是其他形式的財產，報所得稅時都會看見，包含銀行利息或股利等也都無法

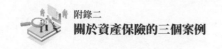

隱藏，唯有保險價值相對隱密，無法容易被看出來，除非去專案申請，但依規定，只有被保人本人可以提出申請，她的老公或男友無法看見。

就這樣，我後來協助他們針對女兒，個別做了每年台幣 207 萬元 10 年期的資產保單。

● **案例三：單身未婚，錢想交給未來想要給的人**

這個個案也是比較特別的，她本身有一定資產，卻因單身也膝下無子，面臨日後財產給誰繼承的問題。

客戶是位王小姐，在軍公教部門擔任幾十年的會計，也存了一定的積蓄。她在台北市西門町有間套房，貸款已繳清，是純資產。另外也在桃園買了房子。我去拜訪她時，已經60歲的她，再5年就要退休。

當時我和她聊的是退休規劃，她未來想要在桃園養老，靠收租金過活就好。然而談起未來身後事，她很煩惱地問我，若將來她離開這世間，她可不可以將財產留給她兩個姪女？那是她大哥的兩個女兒，一直以來都常來照顧探望她，也會帶她出去玩，王小姐願

意把遺產都給這兩個女孩。

但我跟王小姐說，可惜這件事有困難。因為依照民法，遺產分配：

＊第一順位是配偶跟子女。王小姐都沒有。

＊第二順位是配偶跟父母。王小姐的雙親本來也已過世。

＊第三順位是配偶跟兄弟姊妹。所以到時候財產就交給她的哥哥姊姊了。

一聽到這，王小姐說，這不是她想要的。她的哥哥姊姊都各自有自己的工作跟事業，不需要拿她的遺產。那該怎麼辦呢？

我的建議：

我請王小姐重新規畫資產，原先她的規畫用房子來收租養老。但我建議她把房子賣掉，拿到的錢改為放在資產保單，如此還本金可以等同租金，並且不用擔心租客問題。最大的好處，是她將來若身故，保單上只要填寫姪女是受益人，那麼在她生前錢若沒花完，遺產就會交給她指定的兩個姪女。

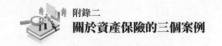
　　我跟王小姐說，還有一個好處，保單要變現比較容易。不像持有房地產，若哪天要用錢，無法快速拿到現金，若想用房子貸款，年紀大了也很難貸到錢。王小姐也認同我的建議，於是我幫她規畫了每年 180 萬元的為期兩年共 360 萬元台幣的資產保單。

　　以上舉的是三個資產保險的案例。其實資產保險的領域非常寬廣，深入探究也非常有意思。

　　歡迎大家一起來研究。

附錄三
小蜜蜂與千里馬的故事

　　在本書，我分享了 18 個祕笈，希望每位有志朝千萬業務邁進的朋友，都能有所收穫。

　　本書最後，我也來分享一個我在各個演講場合，經常做為結尾的故事，這是有關如何成功的故事。

　　在一個草原上有隻小蜜蜂，他聽說千里之外有個很漂亮的世外桃源，那兒鳥語花香、四季如春、風景如畫，那裡的花蜜好甜啊！這就是他夢想中的花園。小蜜蜂聽了好想去喔！但現實條件卻很不樂觀，因為當他看著自己的翅膀，就知道憑著這樣的小小翅膀以及他的體力，是不可能飛到千里之外那個世外桃源的。

　　但他不放棄希望，他內心還在想方法，所謂心想

事成,真的救星出現了。原來,有匹千里馬出現在他
身邊,他聽聞小蜜蜂想去千里之外,因此他願意帶小
蜜蜂去。小蜜蜂非常欣喜夢想得以實現,緊緊把自己
抓牢在馬背上,就這樣,不久之後,小蜜蜂真的就去
到了那個他夢想中的世外桃源。

這故事告訴我們,只要有心,那上天就會幫你找
到方法。那方法不一定要靠己身,而可能是靠外力。

故事中的千里馬有三層寓意:

● 我們要懂得借力

只有最單純或最不懂效率的人,才會以為凡事都
得靠自己。任何產業任何職位的人,都一定要透過借
力,才能讓自己目標達成。關於每個人如何實現自己
的夢想,當然更是要懂得借力。故事中的小蜜蜂,若
不借千里馬的力,那可以說他可能永遠無法到達他夢
想中的世外桃源。

● 找到對的平台

成功者找方法,所謂平台,就是一個好的借力方
法。一個人再怎麼努力,若處在一個不合潮流或體質

不佳的平台，最終的努力也會變成一場空。相反地，若平台對了，那不但付出的努力會有回報，並且比起一般人來說，努力會帶來的是更有效率的回報。

例如我本身能夠達到千萬業績，真的必須感謝遠雄集團這個很好的平台。

● **幫助他人成功**

當我們有朝一日成功了，或者說我們自己有了很大的成長。也不要忘記，從前我們只是小蜜蜂，但現在，我們也可以成為別人的千里馬。

親愛的讀者，無論你今天是否仍是小蜜蜂，或者在某個領域裡你已經是千里馬。都祝福你可以業績蒸蒸日上，更上一層樓，快速達到業績境界裡的幸福桃花源。

從零到千萬業務的 18個 成功祕笈

遠雄 **No1** 業務高手邢益旺用實戰心法教你走向富裕人生

作者／邢益旺
文字編輯／蔡明憲
執行編輯／李寶怡
封面設計／廖鳳如
美術編輯／張靜怡
企畫選書人／賈俊國

總編輯／賈俊國
副總編輯／蘇士尹
編輯／高懿萩
行銷企畫／張莉滎、廖可筠、蕭羽猜
發行人／何飛鵬
法律顧問／元禾法律事務所王子文律師

出版／布克文化出版事業部
台北市民生東路二段 141 號 8 樓
電話：02-2500-7008
傳真：02-2502-7676
Email：sbooker.service@cite.com.tw

發行／英屬蓋曼群島商家庭傳媒股份有限公司城邦分公司
台北市中山區民生東路二段 141 號 2 樓
書虫客服服務專線：02-25007718；25007719
24 小時傳真專線：02-25001990；25001991
劃撥帳號：19863813；戶名：書虫股份有限公司
讀者服務信箱：service@readingclub.com.tw

香港發行所／城邦（香港）出版集團有限公司
香港灣仔駱克道 193 號東超商業中心 1 樓
電話：+86-2508-6231　**傳真**：+86-2578-9337
Email：hkcite@biznetvigator.com

馬新發行所／城邦（馬新）出版集團 Cite (M) Sdn.
Bhd.41, Jalan Radin Anum, Bandar Baru Sri Petaing, 57000 Kuala Lumpur, Malaysia
電話：+603-9057-8822　**傳真**：+603-9057-6622
Email：cite@cite.com.my

印刷／卡樂彩色製版印刷有限公司
初版／ 2020 年（民 109）7 月
售價／新台幣 380 元
ISBN／ 978-986-5405-79-3

城邦讀書花園　布克文化
www.cite.com.tw　www.sbooker.com.tw